Daniel C. Goldie | Gordon S. Murray

Die wichtigsten Antworten für Anleger

Stimmen zum Buch

»Das Buch von Gordon Murray und Dan Goldie ist für jeden Amerikaner Pflichtlektüre. In klaren Worten nimmt es dem Anlegen alles Geheimnisvolle und gibt Einblicke, die aus jedem Leser einen besseren Investor machen.«
Bill Bradley, ehemaliger US-Senator

»Ein ausgezeichneter Einstieg für Anleger ohne großes Finanzwissen.«
Eugene F. Fama, Robert R. McCormick Distinguished Service Professor of Finance, Chicago Booth School of Business, und bekannt als »Vater der modernen Finanzwissenschaft«

»Simpel und doch schlüssig erklären Murray und Goldie die Grundprinzipien des Investierens. Ihre einfach verständlichen Ratschläge werden Ihnen als Anleger das Leben leichter machen.«
Kenneth R. French, Heidt Professor of Finance, Dartmouth College, Tuck School of Business

»Klasse, dass Gordon und Dan ihr Wissen zu einem praktischen, leserfreundlichen Leitfaden zusammengefasst haben. Das schmale Bändchen ist eine fabelhafte Hilfe für alle, die sich dem Thema Investieren nähern wollen. Beruhigend zu wissen, dass wenige einfache Grundregeln genügen, um ver-

nünftige Entscheidungen zu treffen und vielen Menschen die vage Sorge beim Geldanlegen zu nehmen.«
Ira Glass, Gewinner des Edward R. Murrow Award und Moderator der Sendung *This American Life* im National Public Radio der USA

»Gordon Murray und Dan Goldie verraten Geheimnisse, die die Wall Street lieber für sich behalten würde. Ein paar simple, kostengünstige Strategien sind profitabler als die Selektion von Aktien und komplizierten Produkten, wie sie von Finanzdienstleistern angepriesen werden. Lektüre für Ihren Erfolg!«
Joseph A. Grundfest, ehemaliger SEC-Kommissar, Mitgründer der Anlageberatungsfirma Financial Engines und Professor für Recht und Betriebswirtschaft der Stanford Law School

»Goldie und Murray haben den Kern des Themas herausgearbeitet. Hier erfährt jeder in verständlichen Worten, warum ein Finanzberater auf Honorarbasis besser ist, wie man ihn auswählt und wie die Zusammenarbeit funktioniert, kurz- und langfristig. So fundierten Rat bekommen Sie aus den Finanznachrichten selten oder nie.«
Dr. Harry M. Markowitz, Nobelpreisträger für Wirtschaftswissenschaften 1990, Begründer der Modernen Portfoliotheorie

»Super! Goldie und Murray haben einen Volltreffer gelandet. Dürfte ich Freunden und Familie nur ein Buch übers Investieren schenken, wäre es dieses.«

Bob Waterman, Koautor des Management-Klassikers *In Search of Excellence* und ehemaliger Direktor von McKinsey & Company.

Daniel C. Goldie | Gordon S. Murray

DIE WICHTIGSTEN ANTWORTEN FÜR ANLEGER

DIE FÜNF ENTSCHEIDUNGEN,
DIE JEDER ANLEGER TREFFEN MUSS!

FinanzBuch Verlag

Bibliografische Information der Deutschen Nationalbibliothek
Die Deutsche Nationalbibliothek verzeichnet diese Publikation in der Deutschen Natio-
nalbibliografie. Detaillierte bibliografische Daten sind im Internet über **http://d-nb.de**
abrufbar.

Für Fragen und Anregungen:
goldie@finanzbuchverlag.de
murray@finanzbuchverlag.de

1. Auflage 2011

© 2011 FinanzBuch Verlag, ein Imprint
der Münchner Verlagsgruppe GmbH
Nymphenburger Straße 86
D-80636 München
Tel.: 089 651285-0
Fax: 089 652096

Übersetzung: Hermann Englert
Lektorat: Silke Grauenhorst
Satz: Carsten Klein
Korrektorat: Siegrid Graf
Druck: GGP Media GmbH, Pößneck

ISBN 978-3-89879-657-6

Weitere Infos zum Thema

www.finanzbuchverlag.de
Gerne übersenden wir Ihnen unser aktuelles Verlagsprogramm

Vorwort

Banken, Finanzvertriebe und aktiv anlegende Fondsgesellschaften nutzen ihren Wissensvorsprung beim Investieren vor allem zum eigenen Vorteil – und nicht zu Ihrem![1]

Die Finanzmedien wissen, dass Sie sich bei fallenden Märkten Sorgen machen und bei guter Marktstimmung gerne zu optimistisch werden. Das wenden sie zum eigenen Nutzen – und nicht zu Ihrem!

Auch Politiker sowie einst als vertrauenswürdig geltende Ratingagenturen und Aufsichtsbehörden haben in der Vergangenheit bewiesen, dass sie zuerst das eigene Interesse verfolgen – und nicht Ihres!

Offenbar ignorieren Finanzbranche, Medien und Politik all das, was Sie in diesem Buch lesen werden. Höchste Zeit also, dass Sie Ihre Interessen und Investmententscheidungen selbst in die Hand nehmen. Das ist einfacher, als Sie denken.

---

[1] A. d. Ü.: Der typische money manager oder Vermögensverwalter nach US-Modell (für Banktochter/als Selbständiger arbeitender Berater, der die gesamten Wertpapiergeschäfte für den (vermögenden) Kunden erledigt) ist in Deutschland nicht verbreitet. In diesem Buch haben wir den money manager als »(Banken und) Investmentgesellschaften« übersetzt, da sie dem Denkmuster deutscher Anleger näher liegen.

Inhalt

Warum dieses Buch?

Weil wir viel zu oft solche Geschichten hören:

Der Bankberater von Thomas und Anna hat ihr Geld in von Kunden gerne genutzte Anlageprodukte der Bank investiert (zwei getrennt verwaltete Aktienportfolios, diverse Kommunalobligationen, Managed Futures und einen Dach-Hedgefonds). Die beiden wissen aber weder, wie viel Gebühren sie zahlen, noch, ob sie mit ihren Investments gut oder schlecht dastehen. Ihr Bankberater hat keinen langfristigen Investment-Plan entwickelt, sodass sie nicht einschätzen können, ob sie ihren Zielen näher kommen. Eigentlich ist ihnen nicht einmal klar, worin ihr Anlageziel überhaupt besteht! Jetzt empfiehlt ihnen ihr Broker einen Goldfonds, da die Analysten der Bank eine höhere Inflation erwarten. Thomas und Anna sind unschlüssig, was sie tun sollen.

Bettina misstraut der Börse seit jeher. Sie und ihr verstorbener Mann haben das Geld als Altersvorsorge immer in Termineinlagen und Geldmarktfonds angelegt. Nun muss Bettina feststellen, dass die angesparte Summe nicht ausreicht, um ihren Lebensstandard zu halten. Sie wird den Rest ihres Lebens auf Sozialleistungen angewiesen sein und sucht nun Rat.

Steve verwaltet sein Vermögen über das Konto bei einer Direktbank und investiert in Aktien. Allerdings haben sich die meisten Titel in seinem Portfolio – abgesehen von einigen Treffern – schlecht entwickelt. Vor dem Kauf einer Aktie informiert er sich im Internet über das Unternehmen, sieht den Wirtschaftssender CNBC und liest Finanzzeitschriften. Er ist sich jedoch nicht sicher, ob dies die richtige Herangehensweise ist. Ihm ist bewusst, dass diese Methode viel Zeit frisst und dass er nur mäßigen Erfolg hat. Er fragt sich daher, ob er seine Energie statt ins Portfolio nicht besser in seine Karriere stecken sollte.

Antje leistet regelmäßig Beiträge zur betrieblichen Altersversorgung. Mit weiteren Ersparnissen hatte sie Anteile an Aktienfonds gekauft, aber nach dem Einbruch am Aktienmarkt 2008 panisch alles verkauft. Seitdem liegt das Geld auf dem Konto. Obwohl gesagt wird, dass Aktien langfristig ein gutes Investment sind, hat sie selbst schlechte Erfahrungen gemacht. Sie fragt sich, ob Anlegen vielleicht einfach nichts für sie ist.

Unser Ziel ist, Ihnen einen völlig neuen Blick aufs Anlegen zu vermitteln. Die etablierte Finanzbranche ist eindeutig nicht in der Lage, Investoren die richtigen Angebote zu machen. Wir hoffen daher, dass Sie sich nach der Lektüre dieses Buchs andere Finanzberater suchen, Ihr Geld anders anlegen und Ihre Ergebnisse anders beurteilen.

Unsere Geschichte

Wir besitzen die allgemein bekannten Ansichten dazu, wie Märkte funktionieren und wie Privatpersonen langfristige Investments angehen sollten – und dies, obwohl wir aus genau entgegengesetzten Richtungen der Finanzbranche kommen: Gordon blickt auf eine erfolgreiche 25-jährige Karriere an der Wall Street zurück, während der er mit den erfahrensten institutionellen Anlegern der Welt zu tun hatte, Dan auf fast zwei Jahrzehnte als unabhängiger Finanzberater für Privatanleger. Dass wir **bei so verschiedenem Hintergrund zur gleichen Meinung über das Anlegen gelangt sind**, zeugt davon, dass unser Ansatz allgemeine Geltung besitzt.

Als uns das erste Mal aufging, welch zwingende Logik und welche überzeugende Beweise für die Anlageprinzipien in diesem Buch sprechen, hatten wir beide ein wahres Aha-Erlebnis.

Viele andere Bücher und Artikel befassen sich mit denselben Konzepten, über die Sie hier lesen – und dazu noch viel ausführlicher. Aber genau darin liegt ein Teil des Problems: Für die meisten von uns sind diese Publikationen viel zu lang oder zu fachlich. **Unser Ziel ist, die wichtigen Prinzipien so darzustellen, dass sie jeder Anleger versteht.** Wir haben dieses Buch bewusst kurz und ohne Ballast gehalten. Sie sollen es in einem Stück von Anfang bis Ende lesen können!

Anleger brauchen bessere Methoden. Sie müssen genauer wissen, wie die Finanzbranche und Märkte wirklich funktionieren. Anleger brauchen die Sicherheit, dass sie klug investieren und intelligente Finanzentscheidungen treffen.

Wie das möglich ist? **Es gibt eine Antwort** – und Sie finden sie in diesem Buch.

Einführung

Viele Menschen leben heute deutlich länger und gesünder. Wenn ein 65-jähriges Paar in den Ruhestand geht, hat es in den USA statistisch noch über zwanzig Jahre vor sich – weit mehr als vor nur wenigen Jahrzehnten. Zudem werden fast täglich medizinische Fortschritte verkündet, die unsere Lebensqualität erhöhen und würdevolles Altwerden ermöglichen. Soweit die gute Nachricht.

Die schlechte Nachricht lautet, dass viele von uns für einen sorgenfreien Ruhestand nicht genügend Geld haben werden. Obendrein können wir uns immer weniger auf die staatliche Rente, Lebensversicherungen, auf Sozialleistungen oder staatliche Gesundheitsversorgung verlassen. Ob wir für den Hauskauf sparen, für das Studium der Kinder oder einen angenehmen Ruhestand: **Nie war es wichtiger als heute, sein Geld klug anzulegen.**

Einige verfallen dem Hype der Finanzmedien: Wir können alles in die eigene Hand nehmen, lautet die eigennützige Botschaft. Der Markt ließe sich schlagen, wenn wir nur die richtigen Investmentfonds oder Aktien kaufen. Einfach den Anlagetipps folgen und der schnelle Reichtum ist garantiert.

Aus diesem Grund verbringen viele Menschen unzählige Stunden damit, die neuesten Anlegerzeitschriften und Analystenberichte zu studieren oder die Finanznachrichten im Fernsehen zu verfolgen – alles in der Hoffnung, die heißeste Aktie, den besten Fondsmanager oder den richtigen Zeitpunkt für den Ein- oder Ausstieg zu finden. Oder wir verfallen ins Gegenteil, vernachlässigen die so wichtige Vermögensplanung, hoffen einfach das Beste und verbringen mehr Zeit mit der Planung unseres Urlaubs als unserer Finanzen.

Die Folge für die meisten von uns: unnötiges Risiko, ungenügende Diversifikation und zu hohe Gebühren und Steuern. Unter dem Strich bleibt ein dürftiges Anlageergebnis mit zu *geringer* Rendite und zu *hohem* Risiko.

Die unselige Wahrheit lautet, dass viele Menschen Angst vor dem Investieren haben und nicht wissen, wo sie anfangen sollen. Die Finanzmärkte kommen ihnen vor wie eine Spielbank, in der sie von Anfang an keine Chance haben. Die Investmentsprache schreckt sie ab und sie misstrauen den Empfehlungen der Analysten in den Banken. Daher ist es kein Wunder, dass viele von uns nicht so recht wissen, was sie mit ihrem Geld anfangen sollen und wie sie kluge Anlageentscheidungen treffen.

Für einen geduldigen, disziplinierten Investor mit längerem Anlagehorizont sind die Finanzmärkte jedoch eher *Verbündeter als Gegner*. **Sie müssen nur fünf wichtige Entscheidungen treffen,** durch die Sie das von Nobelpreisträgern zusammengetragene Wissen aus den vergangenen sechzig Jahren nutzen. So verschieben Sie die Anlagechancen zu Ihren Gunsten.

Auch Sie können erfolgreich anlegen!

Die Entscheidungen lauten:

1. **Do it yourself vs. Expertenrat:** Wollen Sie in eigener Regie anlegen oder den Rat eines Finanzexperten suchen? Und falls Sie Hilfe in Anspruch nehmen wollen: Welcher Berater ist für Sie der beste?
2. **Aufbau des Portfolios:** Wie teilen Sie das Anlagevermögen auf Aktien (Dividendenpapiere), Anleihen (Renten) und Liquidität (Geldmarktfonds) auf?
3. **Diversifikation:** Welche konkreten Anlageinstrumente aus diesen Klassen sollten Sie ins Portfolio aufnehmen und wie gewichten?
4. **Aktive vs. passive Strategie:** Sollten Sie eher auf aktives Management setzen, das den Markt übertreffen will – oder passiv anlegen, mit einer Rendite auf Niveau des Marktes?

5. **Rebasierung des Portfolios:** Wann sollten Sie bestimmte Vermögenswerte aus Ihrem Portfolio verkaufen, wann zukaufen?

Jede einzelne Entscheidung hat große Auswirkungen darauf, wie Sie als Investor abschneiden. Und: Sie beantworten jede Frage täglich – ob Sie es wissen oder nicht. Selbst wenn Sie nichts ändern und mit Ihrem Portfolio alles beim Alten lassen, legen Sie sich automatisch in allen fünf Punkten fest.

Doch keine Sorge: Wir werden Ihnen das nötige Hintergrundwissen an die Hand geben – und als zusätzliche Hilfe für kluge Entscheidungen vermitteln wir Ihnen auch unsere Sicht der Dinge.

Indem Sie lernen, in allen fünf Fragen fundierte, das Wesen des Investierens erfassende Entscheidungen zu fällen, verlieren Sie alle Angst vor den Finanzmärkten und jegliche Unsicherheit in Geldangelegenheiten. Sie werden vom *Spekulanten* zum *Investor*.

Die fünf Investment-Entscheidungen

KAPITEL 1

Do it yourself oder mit Hilfe eines Beraters?

DO IT YOURSELF

In anderen Bereichen ist »do it yourself« inzwischen sehr beliebt, etwa beim Heimwerken, beim Nähen oder dem Eigenverlegen von Büchern. Was das Anlegen betrifft, halten wir diesen Ansatz jedoch schlicht und ergreifend meist für unklug. Die Finanzwelt ist kompliziert, die Chancen stehen gegen Sie, und es geht um viel, nämlich Ihre finanzielle Zukunft. Kaum jemand würde eine wichtige medizinische Entscheidung treffen, ohne einen Arzt zurate zu ziehen, und aus unserer Sicht gilt für Ihre finanzielle Gesundheit dasselbe wie für Ihre körperliche: Sie brauchen den richtigen Experten!

Selbst zu investieren ist oft beschwerlich, zeitaufwändig und emotional anstrengend. Die meisten Privatanleger sind nicht qualifiziert oder motiviert, die eigenen Investments zu verwalten – aber selbst wenn, ist es bisweilen keine gute Idee. Fachleute verfügen über die besseren Ressourcen, um sich auf den heutigen globalen Märkten mit ihren komplexen Finanzinstrumenten zurechtzufinden. Für einen Privatanleger hingegen ist es schwierig, ein wirklich ertragsstarkes, richtig diversifiziertes Portfolio zusammenzustellen, Gebühren und Steuern zu minimieren und Doppelungen bei den Investments zu vermeiden. Auch muss das Portfolio laufend beobachtet und an das gewünschte Risikoprofil angepasst werden – ohne die Instrumente eines kompetenten Finanzberaters bisweilen eine kaum zu bewältigende Aufgabe.

Zudem kann uns unsere Psyche beim Anlegen einen dicken Strich durch die Rechnung machen. Eine jährlich vom Marktforschungsunternehmen Dalbar herausgegebene Studie belegt dies. In den Untersuchungen der Finanzdienstleistungs-Experten geht es darum, wie das *Verhalten* von Fondsanlegern die tatsächlich erzielte Rendite beeinträchtigt, und Abbildung 1-1 zeigt Daten aus der jüngsten Analyse, die den 20-Jahres-Zeitraum bis 2009 umfasst:

► Der durchschnittliche Aktienfonds-Investor erzielte eine Rendite von dürftigen **3,2** Prozent jährlich. Der Leitindex S&P 500 brachte es dagegen auf ein Plus von **8,2** Prozent.

▶ Der durchschnittliche Anleihefonds-Investor verdiente auf Jahressicht sogar nur **1,0** Prozent, bei einem Ertrag des Barclays U.S. Aggregate Bond Index von **7,0** Prozent.

▶ Besonders auffällig und bedauerlich ist dabei wohl, dass die **Aktienfonds-Anleger gerade die Inflation übertrafen und die Anleihefonds-Anleger ihr Geld fast gar nicht vermehrten.**

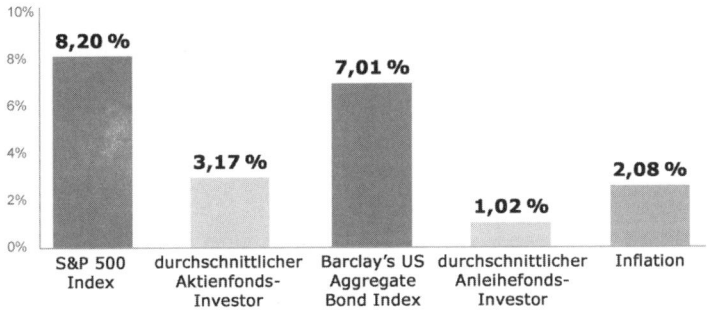

Abbildung 1-1: Durchschnittsanleger im Vergleich zum Markt

1. Januar 1990 – 31. Dezember 2009

Das durchschnittliche Abschneiden von Aktien- und Anleiheinvestoren wurde aus der Dalbar-Studie »Quantitative Analysis of Investor Behavior (QAIB)« 03/2010 entnommen. QAIB berechnet den Anlageertrag als Vermögensdifferenz nach Verkauf, Rückgabe oder Austausch von Anteilen. Dieses Verfahren erfasst realisierte und unrealisierte Kursgewinne, Dividenden, Zinsen, Handelskosten, Ausgabeaufschläge, Provisionen, Courtage und sämtliche anderen Kosten. Nach der Ermittlung des Anlageertrags werden die Gesamtrendite für den Zeitraum sowie die annualisierte Rendite berechnet. Vergangene Erfolge durch eine »Kaufen-und-halten«-Strategie bieten keine Garantie für künftige Erfolge.

Wie ist so etwas möglich? Die schlichte Antwort lautet: Wir neigen dazu, Aktien und Anleihen zu kaufen, nachdem ihr Kurs gestiegen ist. Dies tun wir, weil wir uns nach einer Aufwärtsbewegung des Marktes sicher fühlen und zuversichtlich sind. Ebenso packt uns die Furcht, wenn es an den Märkten abwärts geht, und wir tendieren zu überschnellen Verkäufen. Solches Verhalten führt oft dazu, dass wir **fast zu Höchstpreisen kaufen und fast zu Tiefstpreisen verkaufen**. Dadurch liegt unser Ertrag unter Marktniveau.

Abbildung 1-2 zeigt den *psychologischen Investmentzyklus* und wie er uns zu kostspieligen Fehlern verleitet.

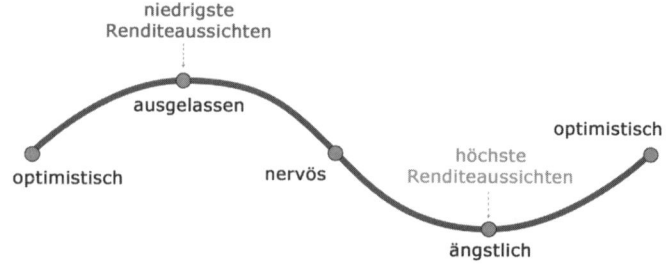

Abbildung 1-2 Der psychologische Investmentzyklus

Nur zur Illustration.

Diese Tendenz, die für einen langfristigen Investor eine immense Gefahr darstellt, beruht auf instinktiven Reaktionen. Erkennen Sie sich in einem der folgenden Punkte wieder?

Übersteigerter Optimismus. Ein genereller Hang zur Selbst-
überschätzung ist für die Gesellschaft in vieler Hinsicht von
Vorteil. Ohne ihn gäbe es viele Erfindungen, Unternehmen oder wissenschaftliche Durchbrüche nicht. Beim Anlegen kann zu große Zuversicht jedoch dramatische finanzielle Folgen haben. Gerade erfolgreiche Menschen müssen dies
bisweilen auf die harte Tour erfahren, denn sie kalkulieren
nicht ein, dass Erfolg in einem Lebensbereich nicht automatisch auch gute Resultate als Investor bedeutet.

Präferenz für steigende Preise. Wenn Konsumgüter wie Ben-
zin oder Fleisch teurer werden, schränken die Menschen
den Verbrauch ein oder suchen Ersatz. Bei Finanzanlagen
hingegen trifft offenbar das Gegenteil zu: Viele Investoren
kaufen lieber eine Aktie mit steigendem als mit fallendem
Kurs, weil sie die Preisentwicklung fälschlicherweise in die
Zukunft fortschreiben. Ebenso strömen sie in Investmentfonds, die in den neuesten Renditeranglisten ganz oben
rangieren, während Fonds mit unterdurchschnittlicher Entwicklung abgestoßen werden. Dabei lautet eine der wichtigsten Investmentregeln: **Gute Wertentwicklung in der
Vergangenheit bietet keinerlei Garantie für künftigen Erfolg.**

Herdentrieb. Zu einer Gruppe zu gehören beruhigt. Wenn
andere etwas tun, wagen auch wir es. Ein Beispiel neueren

Datums ist die Investmentblase am Markt für hypotheken-besicherte Wertpapiere und riskante Kredite sowie die darauffolgende Katastrophe. Hier zu widerstehen fällt uns schwer, obwohl es sich in der Vergangenheit immer wieder gezeigt hat, dass es sich gerade bei Massenphänomenen häufig lohnt, gegen den Strom zu schwimmen. (Zur Lösung dieses Problems siehe Kapitel 5, Rebasierung.)

Angst vor Fehlern. Wir zögern bei Anlageentscheidungen oft, weil sie schiefgehen könnten. Haben Sie schon einmal statt zu investieren Geld auf dem Konto liegen lassen, weil Sie auf keinen Fall im falschen Augenblick einsteigen wollten? Nach unserer Ansicht **ist die richtige Zeit für ein Investment dann, wenn Sie das Geld haben – und die beste Zeit zum Verkauf, wenn Sie das Geld benötigen.**

Bekanntheitseffekt (Wir sagen nur: Bernie Madoff!). Statt uns ein eigenes Urteil zu bilden, tätigen wir eine Anlage oft einfach, weil wir bereits Beziehungen zu einer Bank oder einem Verkäufer haben oder weil sie von einem Freund oder Prominenten empfohlen wurde.

Die Liste der emotionalen Gefahren für unsere Finanzen ließe sich natürlich noch fortsetzen. Vielen sagt wohl die Beobachtung des Wirtschaftshistorikers Charles Kindleberger etwas, dem Autor des Standardwerks *Manias, Panics and*

Crashes: »Nichts stört das Wohlergehen und das Urteilsvermögen mehr, als zu erleben, wie ein Freund reich wird.«

Natürlich liegt es im Interesse der Medien und der Wertpapierbranche, problematisches Verhalten zu fördern. Vielleicht lesen Sie ja bei der Suche nach der nächsten tollen Anlagechance ein Wirtschaftsmagazin wie *Capital*, *Wirtschaftswoche* oder *Focus Money*, oder Sie schalten CNBC, Bloomberg oder Fox Business News ein. Dort wird Ihnen Anlegen dann als Unterhaltung präsentiert. Wenn Sie angebissen haben und eine neue Idee umsetzen, fließen aus den Transaktionen Kommissionen an Ihre Bank. **Dabei verlangen zahlreiche Finanzunternehmen nach wie vor viel zu viel, wenn Sie Geld in ein neues, groß angepriesenes Investment umschichten.**

Die Ereignisse an den Märkten konfrontieren uns immer wieder mit unseren Defiziten, und wir benötigen *Disziplin*, um diesen typisch menschlichen Tendenzen entgegenzuwirken. Dies beginnt damit zu lernen, wie die Märkte funktionieren. Darauf aufbauend geht es dann darum, Zeit und Anstrengungen auf die Faktoren zu konzentrieren, die unserer Kontrolle unterliegen. So erreichen wir unsere Anlageziele effizienter und entspannter.

Allein und ohne einen guten Betreuer im Rücken ist dies nur sehr schwer zu schaffen. Die meisten Investoren, die die

Verwaltung ihres Vermögens ernst nehmen, sollten daher die Hilfe eines Fachmanns in Anspruch nehmen. Ein qualifizierter Finanzberater sorgt für Disziplin und Klarheit im Investmentprozess und hilft, die Verhaltensfehler zu vermeiden, die Ihre finanziellen Pläne durchkreuzen können.

Sehen Sie dies genauso, stellt sich die Frage, ob Sie den *Berater einer Bank* oder eines *Finanzvertriebs* vorziehen sollten – oder einen *unabhängigen Honorarberater*.

Für sehr viele Anleger ist ihr Bankberater nach wie vor die Hauptquelle für Anlageempfehlungen. Dazu kommen seit einigen Jahren verstärkt Finanzvertriebe. Diese Unternehmen bieten – auf den ersten Blick und laut ihrer Werbung unabhängig – eine Auswahl von Finanzinstrumenten verschiedener Banken und Fondsgesellschaften an. Zuletzt gibt es inzwischen immer mehr Berater, die sich ausschließlich über Gebühren finanzieren. Um die richtige Wahl zu treffen, sollten Sie unbedingt die erheblichen Unterschiede zwischen Bank- und Vertriebsberatern auf der einen und Honorarberatern auf der anderen Seite kennen.

BANKBERATER

Die Berater, die Ihnen bei Ihrer Hausbank oder anderen Finanzinstituten gegenübersitzen, sind Angestellte und damit zuerst ihrem Arbeitgeber verantwortlich. Sie haben Umsatzvorgaben, oft bezogen auf bestimmte Produkte – und wenn sie diese nicht erreichen, werden sie zum Gespräch mit dem Vorgesetzten gebeten. Was auch immer in Prospekten über »Ihre finanzielle Zukunft und Sicherheit« steht – **von Unabhängigkeit und ausschließlichem Handeln im Anlegerinteresse kann keine Rede sein.**

Selbst wenn Ihnen der Berater tatsächlich unabhängige Informationen liefert – Online-Banken tun dies mittels einer informativen Webseite –, verdient Ihre Bank bei jedem Kauf und Verkauf von Wertpapieren Ausgabeaufschläge und Kommissionen.

Folgende Punkte sollten Sie berücksichtigen: Ihr Bankberater

1. hat Interesse daran, dass Sie möglichst häufig Anlagen kaufen und verkaufen
2. hat Vorgaben, welche Produkte er Ihnen verkaufen soll
3. bietet Ihnen nur die Produktpalette seines Instituts an.

Bei Finanzvertrieben sind die Berater meist nicht angestellt, sondern selbstständige Handelsvertreter. Sie werden ausschließlich durch Provisionen vergütet, und bei einer Fehlberatung haftet nicht etwa das Unternehmen, sondern die Berater persönlich.

Folgende Punkte sollten Sie berücksichtigen: Der Berater eines Finanzvertriebs

▶ verdient umso mehr Geld, je mehr Produkte er Ihnen verkauft
▶ verdient bei einigen Produkten mehr Provision als bei anderen – unabhängig davon, welche Instrumente für Sie von Vorteil sind
▶ bietet ebenfalls nur eine Auswahl von Anlageinstrumenten an.

Kein Wunder also, dass nach dem Abschluss von Anlagegeschäften immer wieder Auseinandersetzungen zwischen Beratern und Kunden aufflammen, die sich übervorteilt fühlen und hohe finanzielle Schäden geltend machen. Um Abhilfe zu schaffen, ist seit 2010 in Deutschland immerhin ein Protokoll über die Beratung des Anlegers vorgeschrieben. Allerdings wird die Umsetzung der gesetzlichen Vorgaben von Verbraucherschützern und der Bundesanstalt für Finanzdienstleistungsaufsicht nach wie vor kritisiert. Im Klartext:

Die »Berater« halten sich bisweilen nicht einmal an Mindeststandards wie die Dokumentation des Anlageziels.

UNABHÄNGIGE HONORARBERATER

Im Gegensatz zu Bankberatern und Verkäufern von Finanzvertrieben **verpflichten sich Honorarberater, in jedem Fall die für ihre Kunden optimale Lösung zu suchen.** Sie fungieren viel eher als Interessenvertreter ihrer Kunden, weil sie frei sind von den Konflikten, Beschränkungen und Zwängen, denen ihre Kollegen bei Banken und Finanzanbietern ausgesetzt sind.

Vergütung

Ein unabhängiger Berater berechnet als Gebühr üblicherweise einen Prozentsatz der Summe, die er für Sie verwaltet. Mit steigender Kontengröße sinkt der Anteil meist, quasi als Mengenrabatt. Üblich sind ferner Stundensätze für die Beratungsleistung, monatliche oder jährliche Pauschalen sowie erfolgsabhängige Bezahlung. Anders als bei provisionsabhängigen Beratern, bei denen die Kosten für den Kunden oft in schwer verständlichen Pflichtinformationen versteckt sind, wird die Vergütung eines Honorarberaters offen und transparent angegeben. Zudem erhält ein Honorarberater anders als ein abhängiger Berater ausschließlich von Ihnen Geld. Er erhält weder für die für den Kunden ausgewählten Anlageinstrumente noch für die Umschichtung von Kundenvermögen zwischen verschiedenen Investments Zahlungen oder Kommissionen.

Verwahrung Ihres Vermögens

Ein seriöser Honorarberater lässt Ihre Investments von einer Depotbank verwahren. Diese trägt die Verantwortung dafür, Ihr Geld in einem getrennten Konto unter Ihrem Namen als Sondervermögen zu halten. Ihr Berater hat nur die nötigen Vollmachten, um das Konto für Sie zu verwalten. Gleichzeitig erhalten Sie direkt vom Depotinstitut regelmäßig Kontoauszüge, Transaktionsbestätigungen und andere Informationen zum Konto. **Auf keinen Fall sollten Sie einen Berater wählen, der Ihr Geld selbst verwahrt.** Genau so konnten nämlich Bernie Madoff und andere betrügerische Berater ihre Kunden bestehlen.

Um es noch einmal zu sagen: **Ein Berater muss als Treuhänder agieren, der Ihre Interessen vor seine eigenen stellt.** Daher sollte er keinen finanziellen Anreiz haben, Sie zu unnötigen Käufen und Verkäufen zu bewegen oder Ihnen Produkte zu verkaufen, an denen er viel verdient. Ohne die Beschränkung auf vom Unternehmen des Beraters genehmigte

Investmentangebote kann er zudem Anlageprodukte eines jeden Anbieters und Typs nutzen, um für Sie maximalen Nutzen zu erzielen.

Ein fähiger Berater hilft Ihnen, Disziplin zu halten und der Versuchung zu widerstehen, von Wertpapier zu Wertpapier, Markt zu Markt oder von einem Investment-Anbieter zum anderen zu wechseln – vor allem dann, wenn Angst oder Gier Sie zu packen drohen. Statt darüber zu sinnen, wie sie aus Ihrem Konto mehr Einnahmen erzielen, haben unabhängige Berater den Kopf frei, Sie bei vielen anderen wichtigen Finanzentscheidungen zu unterstützen, zum Beispiel bei Altersvorsorge, Erb- und Versicherungsfragen oder der Umschuldung Ihrer Hypothek.

Um es prägnant zu sagen: **Der Berater einer Bank oder eines Finanzvertriebs arbeitet für sein Unternehmen. Ein unabhängiger Honorarberater arbeitet für Sie.**

WIE SIE IHREN UNABHÄNGIGEN HONORARBERATER FINDEN

Sie sollten sich bemühen, auf Anhieb den richtigen Honorarberater zu finden. Wenn Sie nach einer Weile merken, dass

Sie falsch gewählt haben, bedeutet das sowohl eine emotionale als auch finanzielle Belastung.

Nach unserer Erfahrung muss Ihr Berater für eine langfristige, erfolgreiche Zusammenarbeit in zwei Bereichen zu Ihnen passen:

1. **Anlagephilosophie.** Es gibt viele verschiedene Herangehensweisen und Methoden, Investments zu verwalten und Finanzberatung zu leisten. Nach dem Lesen dieses Buchs werden Sie ein klares Gespür für Ihren bevorzugten Investmentansatz besitzen, und am besten suchen Sie einen Berater, der Ihre Anlagephilosophie und Ihre Sicht auf Anlegen und Märkte teilt. Dazu muss der Kandidat natürlich klare Überzeugungen besitzen und über definierte Verfahren verfügen – und diese verständlich vermitteln können –, sonst sollten Sie sich ohnehin nach jemand anderem umsehen.

2. **Sympathie und Vertrauen.** Sie werden eine enge Arbeitsbeziehung zu Ihrem Berater aufbauen, in der es auch um wichtige persönliche Informationen über Sie und Ihre Familie geht (sowohl finanzieller als auch emotionaler Art). Am besten kann der Berater seine Aufgabe erfüllen, wenn er Sie gut kennt. Außer mit Ihrer finanziellen Situation vertraut zu sein, muss er wissen, welche Einstellung zu Geld, welche Träume

und welche Ziele für die Zukunft Sie haben. Nehmen Sie sich keinen Berater, wenn Sie solche Informationen ungern mit ihm teilen!

Zudem sollten Sie bei den Vorgesprächen mit den Kandidaten für die Berateraufgabe Folgendes prüfen:

Fachliche Qualifikation – Ein Berater, der einen oder mehrere fachbezogene Lehrgänge absolviert hat, nimmt Ausbildung und Professionalität ernst und besitzt eine zumindest passable Befähigung auf seinem Gebiet. Einige geläufige Titel für Finanzfachleute sind der Certified Financial Planner (CFP) und der Chartered Financial Analyst (CFA). Ursprünglich in den USA entstanden, gibt es inzwischen auch in Deutschland Stellen, die eine Zertifizierung durchführen dürfen. Speziell im europäischen Rahmen zertifiziert die European Financial Planning Organisation zum European Financial Advisor (EFA).

Bildungsabschluss – Genau wie bei einem Stellenbewerber sollten Sie sich nach der Schul- und Universitätsausbildung des Beraters erkundigen. Sie liefert Anhaltspunkte zu seiner allgemeinen Intelligenz, seinem Wissen und der Fähigkeit, Probleme zu lösen.

Erfahrung – Anlageberater haben die verschiedensten beruflichen Hintergründe. Aus der Karriere vor der Beratertätigkeit können Sie weitere Hinweise zu Erfahrung und relativem Erfolg gewinnen. Sie sollten vorsichtig sein, wenn Sie einen Berater engagieren, der noch keine Erfahrung in der Finanzbranche oder einer verwandten Tätigkeit wie Steuerberatung oder Wirtschaftsprüfung vorweisen kann.

Firmenstruktur – Berater sind sehr verschieden organisiert. Einige arbeiten allein, andere in kleinen Büros, und einige wenige in größeren Firmen mit mehreren Beratern und Angestellten. Jede dieser Konstellationen hat Vor- und Nachteile, und Sie müssen die Struktur genau verstehen, bevor Sie ein Mandat erteilen.

Dienstleistungsspektrum – Einige Berater bieten nur Vermögensverwaltung, andere eine ganze Bandbreite von Leistungen, darunter meist auch Finanzplanung. Letzteres ist oft sehr nützlich, denn Anlageentscheidungen sollten nur nach Berücksichtigung der wirtschaftlichen Gesamtsituation des Kunden gefällt werden.

Kundenstamm – Fragen Sie den Berater, mit welchen Kunden er sonst arbeitet und wie sein idealer Mandant aussieht. Vorsicht, wenn Sie hier aus der Reihe fallen! Es ist besser, zu den anderen Klienten zu passen. So profitieren Sie von der Erfahrung des Beraters mit ähnlich gearteten Fällen.

KAPITEL 2

Aufbau des Portfolios

VOLATILITÄT UND IHRE FOLGEN
FÜR DIE RENDITE

Damit Sie entscheiden können, welche Anlageinstrumente Sie in Ihr Portfolio aufnehmen, müssen Sie unbedingt die Bedeutung des Anlagerisikos verstehen. Finanzunternehmen und -medien heben gerne die Renditechancen eines Investments hervor (also wie viel Sie an einem Investment verdienen können), und weniger das Risiko, das Sie für den möglichen Ertrag eingehen müssen. Das Konzept des Risikos sowie des Chance-Risiko-Verhältnisses ist jedoch für jeden umsichtigen Investor und eine kluge Anlageentscheidung elementar.

Einem langfristig orientierten Anleger stehen grundsätzlich zwei Arten von Investments zur Verfügung:

1. **Aktien** verbriefen den Anteil an einem Unternehmen. Geht es dem Unternehmen gut, profitieren Sie als Aktionär von einem steigenden Aktienkurs. Die Gesellschaft kann zudem eine Dividende an die Aktionäre ausschütten, in Form von Geld oder zusätzlichen Anteilen. Läuft es für das Unternehmen schlecht, fällt der Kurs, sodass Ihre Aktien an Wert verlieren. Insgesamt wird der Aktienkurs eines Unternehmens von vielen Faktoren beeinflusst, die oft gar nichts mit der Gesellschaft selbst zu tun haben. Allgemein gelten Aktienanlagen als Investments mit *hohem Risiko und hoher Renditeerwartung*.

2. **Renten (oder Anleihen)** sind eine Schuldverschreibung der öffentlichen Hand – zum Beispiel eines Staates oder einer Gebietskörperschaft – oder eines Unternehmens. Anleihen entsprechen einer vertraglichen Verpflichtung, die meist regelmäßige Zinszahlungen durch den Schuldner umfasst, sowie die Rückzahlung des überlassenen Kapitalbetrags bei Fälligkeit. Anleihen werden als *relativ sicher* eingestuft und haben eine *geringere Renditeerwartung* (insbesondere Papiere kürzerer Laufzeit von besonders kreditwürdigen Schuldnern).

Finanzökonomen unterteilen das Investmentrisiko dabei in mehrere Kategorien, unter anderem:

Kreditrisiko – Dies ist das Risiko, dass die Bonität eines Unternehmens sinkt und Sie als Anleihegläubiger oder Kreditgeber Ihr Investment zum Teil oder ganz verlieren.

Inflationsrisiko – Die reale Rendite (der Ertrag nach Abzug der Inflation) liegt bisweilen niedriger als die nominale Rendite (vor Inflation), vor allem über längere Zeiträume. Dies ist eines der bedeutendsten Risiken für Langfristanleger.

Laufzeitrisiko – Länger laufende Anleihen sind riskanter (und ihr Kurs schwankt stärker) als kurzfristigere Papiere. Schließlich ist es riskanter, wenn Sie mir für zehn Jahre Geld leihen und nicht nur für einen Monat.

Marktrisiko – Dieses Risiko besteht auf jedem Wertpapiermarkt und kann durch Diversifikation nicht ausgeschaltet werden. Für einen Aktionär beispielsweise besteht die größte Gefahr darin, dass es an der Börse insgesamt abwärts geht. In diesem Fall wird der Kurs seiner Aktien wahrscheinlich mit dem Markt fallen.

Es gibt noch viele weitere Risikotypen. **Als gemeinsamen Nenner haben alle Risikomaße dabei die Ungewissheit der künftigen Entwicklung.**

Die in der Finanzwelt am häufigsten verwendete Risikokennziffer ist die *Standardabweichung*, ein statistisches Maß für die Streuung einer Reihe von Zahlen (wie die jährliche Rendite einer Anlage) um ihren Mittelwert. Dabei liegen unter normalen Umständen rund zwei Drittel der Zahlen maximal eine Standardabweichung vom Mittelwert entfernt.

„Oktober ist ein besonders gefährlicher Monat, um mit Aktien zu spekulieren. Die anderen sind Juli, Januar, September, April, November, Mai, März, Juni, Dezember, August und Februar."

Mark Twain

Dieses Konzept lässt sich anhand zweier Investments mit verschiedenen Chance-Risiko-Merkmalen veranschaulichen. Fonds A hat beispielsweise eine mittlere Renditeerwartung von vier Prozent, die erwartete Standardabweichung beträgt zwei Prozent. Das bedeutet, dass die Rendite der Anlage etwa während zwei Drittel der Anlagedauer zwischen zwei und sechs Prozent liegt (vier Prozent plus/minus zwei Prozent). Fonds B dagegen hat eine durchschnittliche Ertragserwartung von zehn Prozent. Aber auch die voraussichtliche Standardabweichung liegt mit zwanzig Prozent höher, sodass Fonds B rund zwei Drittel der Zeit zwischen dreißig und minus zehn Prozent abwerfen sollte (zehn Prozent plus/minus zwanzig Prozent).

Fonds B stellt eindeutig das riskantere Investment dar (mit einem unsichereren Ertrag) als Fonds A: Ein Anleger mit Fonds B, der genau dann Bargeld benötigt, wenn der Fonds zehn Prozent im Minus liegt, steht schlechter da, als ein Investor mit Fonds A, der im schlechtesten Fall immerhin noch zwei Prozent Rendite erzielt.

Dazu kommt noch ein weiterer Aspekt: die Mathematik des kumulierten Wachstums. Abbildung 2-1 zeigt zwei hypothetische Portfolios. Beide besitzen eine mittlere Rendite von zehn Prozent jährlich, aber verschieden hohe Volatilität. Das Depot mit der niedrigen Volatilität entwickelt sich gleichmäßiger, während der Wert des anderen stark schwankt.

Dass das weniger volatile Portfolio am Ende ein höheres Saldo aufweist, mag viele überraschen, ist jedoch rechnerisch erklärbar: Die Summe am Ende wird nicht durch den *arithmetischen Mittelwert* des Ertrags, sondern durch den *geometrischen Mittelwert* bestimmt. (Der entsprechende Finanz-Fachausdruck lautet »annualisierter Ertrag«.)

Der Einfluss der Volatilität auf die Rendite tritt mit wachsender Dauer und steigender Standardabweichung immer deutlicher hervor. Intuitiv verständlich wird dies so: Verliert ein Portfolio fünfzig Prozent an Wert, ist ein Gewinn von hundert Prozent erforderlich, nur um wieder das Ausgangsniveau zu erreichen. Ein Verlust von 8,0 Prozent hingegen wird schon durch eine Erholung um 8,7 Prozent ausgeglichen, denn je größer ein Verlust ausfällt, desto kleiner wird die Basis, die Ihnen neuen Ertrag bringt.

Jahr	niedrige Volatilität		hohe Volatilität	
	aus 100.000 € werden	jährliche Rendite	aus 100.000 € werden	jährliche Rendite
1	110.000 €	10,0 %	134.000 €	34,0 %
2	115.500 €	5,0 %	121.940 €	-9,0 %
3	131.670 €	14,0 %	153.644 €	26,0 %
4	143.520 €	9,0 %	129.061 €	-16,0 %
5	162.178 €	13,0 %	169.070 €	31,0 %
6	165.421 €	2,0 %	167.380 €	-1,0 %
7	185.272 €	12,0 %	197.508 €	18,0 %
8	214.916 €	16,0 %	173.807 €	-12,0 %
9	227.811 €	6,0 %	210.306 €	21,0 %
10	257.426 €	13,0 %	227.313 €	8,0 %
Durchschnittsertrag*		10,0 %		10,0 %
annualisierter Ertrag**		9,9 %		8,5 %
Standardabweichung		4,5 %		18,6 %

Abbildung 2-1 Volatilität und ihre Folgen für die Rendite

Hypothetische Portfolios nur zu Illustrationszwecken. Diversifikation garantiert weder Gewinn noch schützt sie vor Verlust.

* Durchschnittsertrag = arithmetischer Mittelwert des Ertrags, ** annualisierter Ertrag = geometrischer Mittelwert des Ertrags

RISIKO UND RENDITE HÄNGEN ZUSAMMEN

Auch wenn uns Finanzunternehmen und Medien vorgaukeln, wir könnten ganz einfach Geld verdienen, indem wir Irrtümer bei den Marktpreisen entdecken: Solche Gelegenheiten sind nur sehr schwer zu nutzen. Für den Privatanleger gilt im Prinzip: **Anlagen mit *geringem Risiko und hoher Ertragserwartung* existieren nicht.**

Sollte ein Investment tatsächlich eine für das Risiko unverhältnismäßig hohe Rendite bieten, spräche sich das herum und andere würden versuchen, daraus Kapital zu schlagen. Die steigende Nachfrage triebe den Preis des Investments daraufhin so lange in die Höhe, bis die Ertragserwartung auf das Niveau anderer, ähnlich riskanter Anlagen gesunken wäre.

So funktionieren freie Märkte. Tag für Tag reagieren die Kurse Zehntausender börsennotierter Aktien und Anleihen weltweit ununterbrochen auf neue Informationen und Entwicklungen.

In einer bahnbrechenden Arbeit aus den 1970er-Jahren stellen Roger Ibbotson und Rex Sinquefield die Beziehung zwischen Risiko und Rendite sehr klar dar. Ihre Untersuchungen an historischen Kapitalmarktrenditen liefern uns das intellektuelle Rüstzeug, mit dem wir verschiedene Anlageklassen vergleichen können.

Eine Anlageklasse umfasst eine Gruppe ähnlicher Wertpapiere mit gemeinsamen, objektiv definierten Chance-Risiko-Eigenschaften. Abbildung 2-2 schreibt die Originalstudie von Ibbotson und Sinquefield bis Ende 2009 fort. Angegeben ist für vier wichtige Anlageklassen der Ertrag, und die Grafik zeigt, was seit 1926 jeweils aus einem Dollar geworden wäre. Grau ist die Inflation dargestellt.

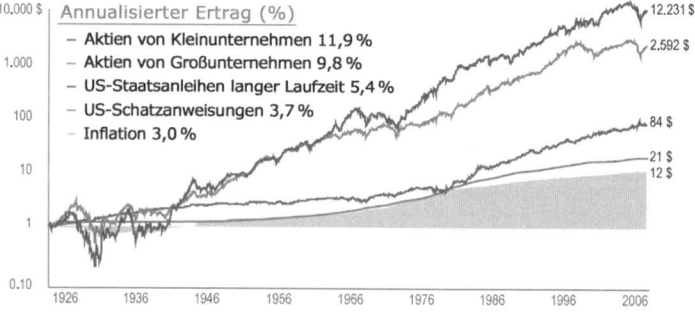

Abbildung 2-2 US-Kapitalmarktrenditen

Wertzuwachs eines US-Dollars vom 1. Januar 1926 bis zum 31. Dezember 2009

Nur zu Illustrationszwecken. Investments bedeuten immer ein Risiko und können zu Kapitalverlust führen. Die Wertentwicklung der Vergangenheit ist keine Garantie für künftige Ergebnisse. Indizes sind unverwaltete Aktienkörbe, in die nicht direkt investiert werden kann. Die Aktien von Kleinunternehmen entsprechen dem vom Center for Research in Security Prices (CRSP) erstellten CRSP 9-10 Index der zwanzig Prozent der kleinsten US-Werte; die Aktien von Großunternehmen entsprechen den Werten im Standard & Poor's 500 Index, langfristige US-Staatsanleihen 20-jährigen U.S. Government Bonds, Schatzanweisungen 30-tägigen Treasury Bills.

Große versus kleine Unternehmen

Die Steigung der Kurven in der Abbildung zeigt den Zusammenhang zwischen Risiko und Ertrag. Beispielsweise **liefern Kleinunternehmen den Aktionären mehr Rendite als Großunternehmen, da das Investment riskanter ist.** Warum? Angenommen, Sie wären ein Bankmitarbeiter und sollten die Vergabe eines Kredits an ein sehr kleines Unternehmen sowie an ein großes Unternehmen wie General Electric prüfen. Von welchem würden Sie höhere Zinsen verlangen? Von der kleinen Firma, da der Kredit hier ein größeres Risiko darstellt und mit größerer Wahrscheinlichkeit ausfällt!

Aktienanleger gehen mit Risiko ähnlich um. Auch sie verlangen von kleineren Unternehmen eine höhere Vergütung. Dass Kleinunternehmen große Gesellschaften bei der Wertentwicklung übertroffen haben, liegt an einer Dimension des Risikos, die als *Größeneffekt* bezeichnet wird. Auf einem gut funktionierenden freien Kapitalmarkt **stellt die höhere Rendite einen Ausgleich für das größere Risiko dar.**

Sowohl die Aktien kleiner als auch großer Unternehmen sind riskanter als Anleihen. Dies gilt vor allem für Anleihen wirtschaftlich starker Staaten mit hoher Bonität. Daher überrascht es nicht, dass Aktien kleiner wie großer Unternehmen eine höhere Rendite erzielten als langfristige Staatsanleihen, die wiederum mehr Gewinn brachten als Schatz-anweisungen (die wegen ihrer kürzeren Laufzeiten weniger Risiko bedeuten).

Natürlich können die Schatzanweisungen in einem bestimm-ten Jahr auch besser abschneiden als Aktien, wie ein genau-er Blick auf Abbildung 2-2 zeigt. Als langfristig orientierte Anleger sollten wir jedoch über diese kurzzeitigen Abwei-chungen hinwegsehen. Vergangenheitsdaten sowie Invest-menttheorie deuten stark darauf hin, dass die Risiko-Ren-dite-Hierarchie über längere Zeitabschnitte erhalten bleibt.

Substanz- versus Wachstumswerte

Der zweite wichtige Parameter für Risiko und Ertrag von Aktien beruht auf dem sogenannten *Substanzwerteffekt* (eng-lisch: *value effect*). **Von Substanzwerten spricht man bei Unternehmen, die bezogen auf betriebswirtschaftliche Kennzahlen wie Buchwert, Umsatz und Gewinn güns-tig bewertet sind.** Sie haben oft geringe Finanzkraft, gerin-ges Gewinnwachstum oder trübe Zukunftsaussichten. Bei *Wachstumswerten* handelt es sich dagegen um sehr gesunde, profitable und rasch wachsende Unternehmen. **Wachstums-aktien sind gemessen an den entsprechenden Kennzahlen teuer.**

Zur Zeit der Entstehung dieses Buchs gelten viele große Banken als Substanzwerte. Sie verfügen über beträchtliche Vermögenswerte, stecken aber auch in schweren finanziellen Problemen. Angesichts des größeren Risikos fordern Aktionäre höhere Renditen.

Abbildung 2-3 stellt den historischen Renditevorsprung kleiner Aktien vor großen sowie von Substanzwerten vor Wachstumswerten dar. In den USA gewannen kleine Aktien seit 1926 jährlich rund zwei Prozent mehr an Wert als große Aktien. Große Substanzwerte wiederum haben große Wachstumsaktien um mehr als ein Prozent abgehängt.

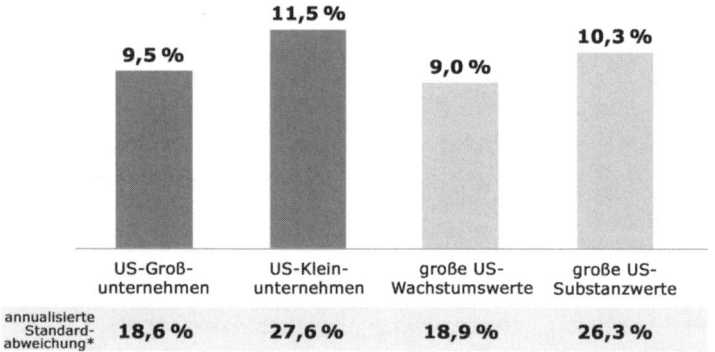

	US-Groß-unternehmen	US-Klein-unternehmen	große US-Wachstumswerte	große US-Substanzwerte
	9,5 %	11,5 %	9,0 %	10,3 %
annualisierte Standard-abweichung*	18,6 %	27,6 %	18,9 %	26,3 %

Abbildung 2-3 Größen- und Substanzwerteffekt

1. Januar 1973 bis 31. Dezember 2009

Nur zu Illustrationszwecken. Investments beinhalten immer ein Risiko und können zu Kapitalverlust führen. Die Wertentwicklung der Vergangenheit ist keine Garantie für künftige Ergebnisse. Indizes sind unverwaltete Aktienkörbe, in die nicht direkt investiert werden kann. Rendite bei Thesaurierung der Erträge, ohne Transaktionskosten und Steuern. Die Standardabweichung ist ein statistisches Maß für die Schwankung des Ertrags eines Wertpapiers (oder Index) um seinen Mittelwert. Mit steigender Standardabweichung gilt eine Anlage als riskanter. Die Aktien der US-Großunternehmen entsprechen dem vom Center for Research in Security Prices (CRSP) erstellten CRSP 1-5 Index aus den fünfzig Prozent der größten US-Werte, die Aktien von Kleinunternehmen dem CRSP 6-10 Index aus den fünfzig Prozent der kleinsten US-Werte, die großen US-Wachstumswerte dem Fama-French US Large Growth Index, die großen US-Substanzwerte dem Fama-French US Large Value Index. Eine vollständige Beschreibung der Indizes findet sich in den Quellen und Angaben zum Datenmaterial.

* Die annualisierte Standardabweichung entspricht mathematisch der Standardabweichung des annualisierten logarithmischen Ertrags über die betrachtete Periode.

Abbildung 2-4 zeigt auf anschauliche Weise die zwei Haupt-Ertragsfaktoren bei langfristigen Aktieninvestments: *Unternehmensgröße* und *Substanz*. Ein Portfolio, das kleine Aktien und Substanzwerte stärker gewichtet, hat auf lange Sicht die höhere Renditeerwartung.

Ihr Anlageerfolg hängt weit stärker davon ab, wo Ihr Aktienportfolio auf diesen Koordinaten liegt, als davon, welche einzelnen Aktien oder Investmentanbieter und Fonds Sie wählen!

Abbildung 2-4 Profil der Ertragserwartung bei Aktien, Fama, E. F. und French, K. R., Journal of Finance 47 (1992)

Langfristig orientierte Investoren, die die größere Volatilität riskanterer Anlageklassen verkraften, können im Lauf der Zeit mit höherer Rendite rechnen. Denken Sie immer daran: Risiko und Ertrag hängen zusammen!

DER AUFBAU DES PORTFOLIOS

Finanzbranche und -medien reden Ihnen gerne ein, dass der Erfolg von Investments vor allem davon abhängt, 1) wie geschickt Sie die *Zeitpunkte* des Kaufs und Verkaufs wählen, 2) wie erfolgreich Sie bei der Auswahl der *richtigen Einzelaktien und Anleihen* sind und 3) ob Sie einen *Fondsmanager oder Fonds* finden, der gegen den Markt gewinnt (oder am besten alles auf einmal).

Falsch! Die Forschung belegt, dass Sie den Gesamtertrag eines diversifizierten Portfolios negativ beeinflussen, wenn Sie diesen Anforderungen nachjagen.[2] Der Grund: Mit diesen Beschäftigungen verschwenden Sie überwiegend Zeit und Geld.

Sie müssen sich immer vor Augen führen, dass **die Rendite eines Investments in erster Linie vom Risiko abhängt**, speziell dem Risiko der Anlageklassen in Ihrem Portfolio, der Beziehung zwischen den Klassen, und wie Sie die Investmentsumme auf die Klassen aufteilen. Hier geht es um die Entscheidung zur *Portfoliostruktur*.

Zur Erinnerung: Anlageklassen bestehen aus vergleichbaren Wertpapieren mit gemeinsamen, objektiv definierten Chance-

---

[2] Xiong, J. X., Ibbotson, R. G., Idzorek, T. M. und Chen, P., 2010. »The Equal Importance of Asset Allocation and Active Management«, Financial Analysts' Journal, März/April.

Risiko-Eigenschaften. Die großen Anlageklassen sind liquide Mittel, Aktien und Anleihen, und innerhalb dieser Gruppen gibt es wiederum Unterkategorien für Anlageinstrumente mit jeweils besonderen Risikofaktoren. Einige Beispiele:

Liquidität

- ► Tagesanleihen
- ► Termineinlagen
- ► Geldmarktfonds
- ► Schatzanweisungen

Renten

- ► kurz laufende Staatsanleihen erstklassiger Bonität
- ► kurz laufende Kommunalanleihen
- ► kurzfristige Unternehmensanleihen erstklassiger Bonität

Aktien

- ► große Substanzwerte aus Industrieländern (Europa, USA, weltweit)
- ► Aktien von Großunternehmen aus Industrieländern (Europa, USA, weltweit)
- ► kleine Substanzwerte aus Industrieländern (Europa, USA, weltweit)
- ► Aktien von Kleinunternehmen aus Industrieländern (Europa, USA, weltweit)

- ► Aktien aus Schwellenländern (klein, groß, Substanz)
- ► Immobilienaktien (Europa, USA, weltweit)

Bei der Frage nach der Portfoliostruktur sollten Sie zuerst das Gewicht von Liquidität, Anleihen und Aktien festlegen. **Damit fällen Sie Ihre absolut wichtigste Anlageentscheidung!**

Liquidität

Grundsätzlich orientiert sich der liquide Anteil des Portfolios (*niedrigstes Risiko/niedrigste Rendite*) daran, wie viel Geld Sie gegebenenfalls kurzfristig benötigen. Alle Mittel, die innerhalb eines Jahres zur Verfügung stehen müssen, sollten auf jeden Fall in sehr sicheren, rasch zugänglichen Investments angelegt sein.

Anleihen (*niedrigeres Risiko/niedrigere Rendite*) **und Aktien** (*höheres Risiko/höhere Rendite*)

Da Aktien riskanter sind als Anleihen, ist davon auszugehen, dass sie langfristig den Ertrag steigern. Anleihen dagegen sollten dazu dienen, die Volatilität des Depots zu senken. Daher empfehlen wir, nur Papiere hoher Bonität und Emissionen mit kurzer Laufzeit zu halten, zum Beispiel kurzfristige Anleihen von Ländern und Unternehmen mit hervorragendem Rating, die sichersten und am wenigsten volatilen Renteninvestments.

Wir raten aus zwei Gründen dazu, Anleihen beizumischen:

1. Ihre Risikotoleranz. In manchen Jahren fällt der Kurs von Aktien zwanzig, dreißig Prozent oder mehr. Solcher Druck lässt sich bisweilen schwer aushalten und Sie sollten auf keinen Fall die Weichen für das eigene Scheitern stellen. Wie Untersuchungen gezeigt haben, neigen Investoren zur Kopflosigkeit und verkaufen am oder nahe dem Markttief. Auf diese Weise verpassen sie die nachfolgende Erholung. Ein Portfolio aus internationalen Aktien hätte 1973 und 1974 beispielsweise 19 Prozent bzw. 23 Prozent an Wert verloren. Anleger, die in Panik gerieten und verkauften, verpassten die Erholung 1975 und 1976, in denen dasselbe Portfolio rund 41 Prozent beziehungsweise 28 Prozent zulegte.

Ähnliches geschah auch bei den Markteinbrüchen von 2000 bis 2002 sowie 2008. Jeder Anleger sollte sich daher darüber klar werden, wie stabil er emotional ist und wie gut er gelegentliche Rücksetzer an den Börsen verkraftet. Wer das Portfolio auf die eigene Risikotoleranz abstimmt, hält beim Investieren eher Disziplin und erfreut sich so langfristig besserer Ergebnisse.

2. Ihr Alter. Für einen jungen Investor eignet sich ein Anlagemix mit höherem Aktienanteil. Er benötigt voraussichtlich auf Jahrzehnte kein Geld aus seinem Investmentportfolio. Sein größtes Kapital ist seine Arbeitskraft und er steht das kurzfristige Auf und Ab des Marktes emotional vermutlich besser durch. Ein Ruheständler mit begrenzter Erwerbsfähigkeit hingegen, der jedes Jahr einen Teil seines Vermögens für die Lebenshaltung entnimmt, sollte sein Risiko aus Aktien und einem länger dauernden Abschwung an den Börsen begrenzen. Für ihn ist es vorteilhaft, die Volatilität des Portfolios durch mehr Anleiheinvestments zu verringern.

Abbildung 2-5 zeigt historische Daten zu Rendite und Risiko für hypothetische Portfolios mit unterschiedlichen Anteilen Aktien und Anleihen. Die Zahlen decken den Zeitraum 1. Januar 1973 bis 31. Dezember 2009 ab und enthalten drei der schlimmsten Aktienmarkteinbrüche sowie eine der längsten Haussen der Geschichte. Die konkrete Zusammensetzung der Portfolios sowie die Gewichtung der einzelnen Anlageklassen sind im Anhang des Buchs zu finden.

Hypothetische Portfolios

	Renten	defensiv	konser-vativ	moderat	offensiv	Aktien
Aktien	0 %	20 %	40 %	60 %	80 %	100 %
Renten	100 %	80 %	60 %	40 %	20 %	0 %
annualisierte Rendite (%) 1973-2009	7,2	8,8	10,2	11,5	12,5	13,3
annualisierte Standardabweichung (%) 1973-2009	2,5	3,9	6,6	9,7	12,8	16,1
Wertzuwachs eines US-Dollar 1973-2009	12,99 $	22,73 $	36,96 $	55,95 $	78,72 $	102,46 $

Abbildung 2-5 Risiko-Rendite-Eigenschaften gemischter Portfolios

1. Januar 1973 bis 31. Dezember 2009

Annahme jährlicher Rebasierung. Annualisierte Standardabweichung errechnet aus Monatsdaten. Die Ergebnisse basieren auf Indexdaten, Modell-Portfolios und rückblickenden Simulationen (Backtesting). Ex-post-Betrachtung, keine echte Anlagestrategie. Das Modell berücksichtigt keine Managementgebühren oder andere, mit der Verwaltung eines echten Portfolios verbundene Kosten. Die Zusammensetzung der Modellportfolios kann methodenbedingt verzerrt sein. Insbesondere spiegelt sie den Einfluss von Konjunktur- und Marktumfeld auf Managemententscheidungen nicht wider, mit dem bei einem realen Kundenportfolio zu rechnen ist. Die Wertentwicklung der Vergangenheit ist keine Garantie für künftige Ergebnisse.

KAPITEL 3

Diversifikation

Sobald Sie mit Ihrem Berater den geeigneten Mix der großen Anlageklassen Aktien, Anleihen und Liquidität festgelegt haben, geht es um die Auswahl der konkreten Anlageinstrumente für Ihr Portfolio. Dass man nicht alles auf eine Karte setzen soll, ist vielen geläufig. Dennoch wissen die meisten nicht, wie *effektive Diversifikation* genau funktioniert.

Zur Verdeutlichung hier ein typisches Beispiel aus der Zeit der Dotcom-Blase Ende der 1990er-Jahre. Weil er seine große Position von Aktien eines Technologieunternehmens diversifizieren wollte, kaufte der Manager eines Technologieanbieters Anteile an zehn weiteren Technologiefirmen. Er glaubte sein Risiko zu streuen und erachtete es für klug, sich an eine Branche zu halten, die er gut kannte. Dummerweise brachen Technologieaktien später auf breiter Front ein (da sie oft denselben Risiken ausgesetzt sind) und sein Vermögen erlitt schweren Schaden.

Für echte Diversifikation muss der Anleger den Zusammenhang jeder einzelnen Anlageklasse mit allen anderen Instrumenten in seinem Depot berücksichtigen. Wie sich zeigt, gewinnen einige Anlageklassen tendenziell an Wert, wenn andere verlieren (oder verlieren zumindest nicht so stark). Vermögensklassen, die sich eher gleich entwickeln – beispielsweise Unternehmen der gleichen Branche oder Unternehmen mit ähnlichen Risikofaktoren – bezeichnet man als *positiv korreliert*.

Vermögenswerte, die sich unabhängig voneinander bewegen, sind *unkorreliert*, Instrumente mit gegenläufiger Entwicklung *negativ korreliert*.

Abbildung 3-1 illustriert den Vorteil einer Kombination zweier hypothetischer, negativ korrelierter Anlageklassen. Vermögenswert A weist andere Risiko-Ertrags-Eigenschaften auf als Wert B, sodass sich sein Preis in die jeweils entgegengesetzte Richtung entwickelt (wenn B verliert, gewinnt A und umgekehrt).

Die durch die Mitte der Grafik laufende, mit AB bezeichnete Gerade stellt ein Mischportfolio dar, das zu gleichen Teilen aus diesen Investments besteht. **Die Volatilität (die Standardabweichung) des kombinierten Depots ist niedriger als die beider Instrumente für sich.**

Wir haben es hier mit einem wichtigen Element der Modernen Portfoliotheorie zu tun. Dieses Konzept wurde 1952 von Harry Markowitz eingeführt, der dafür den Wirtschaftsnobelpreis erhielt.[3] Markowitz entwickelte das Prinzip ursprünglich für Einzelaktien, aber es funktioniert ebenso gut bei Investmentfonds oder ganzen Anlageklassen.

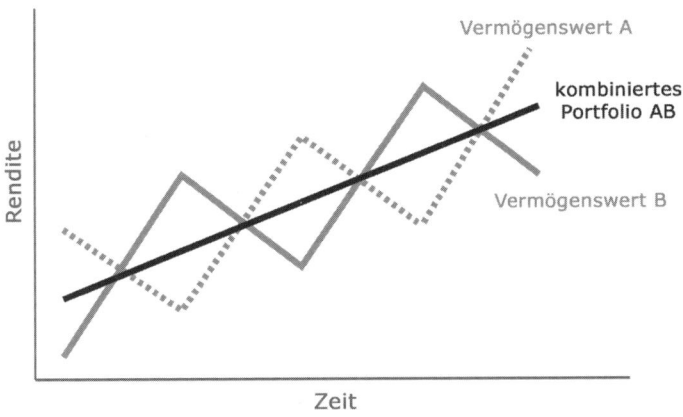

Abbildung 3-1

Nur zu Illustrationszwecken. Diversifikation garantiert weder Gewinn noch schützt sie in fallenden Märkten vor Verlust.

Markowitz' Konzept unterstreicht einen weiteren sehr wichtigen Grundsatz des Investierens: **Konzentrieren Sie sich auf die Wertentwicklung Ihres Gesamtportfolios statt auf die Rendite einzelner Positionen.** Lassen Sie sich nicht ent-

---

3   Markowitz, H., 1952, Portfolio Selection, Journal of Finance 7, S. 77-91

mutigen, wenn einige Anlageklassen in einem bestimmten Zeitraum weniger gut abschneiden als andere.

Europäische und US-amerikanische Aktien

Welche konkreten Instrumente sollte ein Investor nun in sein Depot aufnehmen? Dieses wichtige Thema bietet sich für ein ausführliches Gespräch mit Ihrem Anlageberater an, aber ein vernünftiger Ausgangspunkt wäre wohl, einen Teil des Portfolios in großen europäischen und US-amerikanischen Unternehmen zu halten. Hier bieten sich die Titel im S&P Europe 350 oder MSCI Europe Large Cap Index beziehungsweise im S&P 500 Index an, die jeweils rund 70 % der Börsenkapitalisierung der jeweiligen Märkte abdecken.

Ergänzend können Sie mit Ihrem Berater weitere Aktienklassen auswählen, die einen Diversifikationseffekt zu den großen Werten bringen. Unsere Empfehlung: Nehmen Sie kleine Unternehmen und Substanzwerte ins Portfolio auf, da diese die Renditeerwartung erhöhen und das Risiko streuen. Auch börsennotierte Immobiliengesellschaften, sogenannte Real Estate Investment Trusts (REITs), können der Diversifikation dienen, wenn sie traditionellen Aktienklassen beigemischt werden.

Internationale Aktien

Natürlich gehören zu einem diversifizierten Aktienportfolio auch Werte aus den Schwellen- und Industrieländern
der Asien-Pazifik-Region und Südamerikas. Viele Investoren sind überrascht, dass auf den europäischen und US-amerikanischen Aktienmarkt heute gerade noch knapp über die
Hälfte der Börsenkapitalisierung weltweit entfällt. Es gibt
viele Anlage- und Diversifikationsmöglichkeiten in anderen
Regionen. Dazu kommt, dass professionelle Vermögensverwalter durch den technischen Fortschritt heute über aller-
neueste Informationen zu den Entwicklungen in Ländern
überall auf der Welt verfügen und nahezu augenblicklich
Milliardenbeträge zwischen den Märkten bewegen können.
Dadurch liegen die langfristigen Renditeerwartungen derselben Anlageklassen heute weltweit auf ähnlichem Niveau.

Auf kurze Sicht kann sich der Wert von Anlageinstrumenten
aus verschiedenen Regionen sehr unterschiedlich entwickeln.
Dies liegt vor allem daran, dass sich die einzelnen Länder
und Wirtschaftsräume an verschiedenen Punkten des Kon-
junkturzyklus befinden, dass die Wechselkurse schwanken
oder sich die Fiskal- oder Geldpolitik unterscheidet.

Die Diversifikationswirkung einer internationalen Anlagestrategie lässt sich noch verstärken, wenn kleine Unterneh-

men und Substanzaktien einbezogen werden sowie Werte aus Schwellenländern. Die Aktien aus diesen sich wirtschaftlich rasch entwickelnden Märkten sind zur Risikostreuung besonders gut geeignet, da ihre Kurse eher von der Binnenkonjunktur der Länder abhängen als von der Weltwirtschaft. Ein internationaler Konzern wie Nestlé hingegen ist überall auf der Welt aktiv und dadurch wahrscheinlich stärker mit anderen Großunternehmen aus Industrienationen korreliert.

Anleihen

Wie erwähnt dienen Renten dazu, die Gesamtvolatilität Ihres Portfolios zu senken. Wenn Sie Anleihen beimischen, empfehlen wir Papiere mit hoher Bonität und kurzen Laufzeiten (unter fünf Jahren), da sie das Risiko am wirksamsten verringern. Papiere, die diesen Kriterien entsprechen, sind sicherer, liquider, und ihr Kurs schwankt weniger.

Internationale Anleihen

Genau wie bei Aktien lässt sich Ihr Portfolio auch bei Anleihen durch Streuung auf mehrere Länder hervorragend diversifizieren. Auch hier sollten Sie vor allem kürzere Laufzeiten und Papiere besonders kreditwürdiger Emittenten berücksichtigen. Ein international ausgelegtes Rentenportfolio, das

Anleihen europäischer Länder, der USA und anderer Industrienationen kombiniert, ist tendenziell weniger riskant und besitzt höhere Ertragschancen als ein vergleichbares rein europäisches oder US-amerikanisches Portfolio.

ANLAGEKLASSEN EINSETZEN

Mit den heute verfügbaren, anspruchsvollen Computerprogrammen kann ein Berater auf Vergangenheitsdaten zu Risiko und Rendite verschiedener Anlageklassen zugreifen und ein Portfolio zusammenstellen, das für jedes gewünschte Risikoniveau eine möglichst hohe Renditeerwartung bietet. Abbildung 3-2 veranschaulicht dies. Mit wachsendem Risiko und höherer Renditechance steigt gewöhnlich auch der Aktienanteil des Depots.

Beachten Sie, dass das Risiko durch das Hinzufügen von Aktien zu einem reinen Anleiheportfolio bis zu einem Anteil von rund zwanzig Prozent zunächst sinkt. Dies liegt am Diversifikationseffekt durch die Beimischung zwar riskanterer, jedoch mit den Anleihe-Positionen weniger korrelierter Instrumente.

Es liegt an Ihnen und Ihrem Berater, das für Sie richtige Risiko festzulegen.

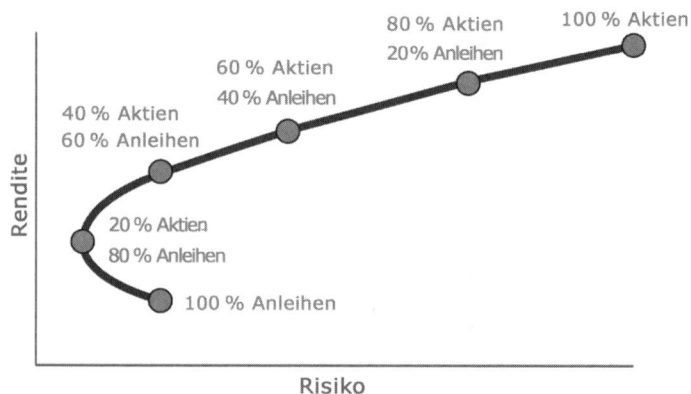

Abbildung 3-2 Risiko und Rendite eines Portfolios

Basierend auf Vergangenheitsdaten und Annahmen zu künftigen Entwicklungen. Nicht zu Prognosezwecken bestimmt, nur zur Illustration.

KAPITEL 4

Aktive oder passive Strategie?

AKTIVES INVESTIEREN

Aktive Vermögensverwalter versuchen »gegen den Markt zu gewinnen« (oder gegen die einschlägigen Vergleichsindizes). Hierzu setzen sie eine Vielzahl von Methoden ein, wie Einzelwertauswahl oder Prognosen zur Marktentwicklung (sogenanntes Markttiming). Passive Manager hingegen verzichten auf subjektive Vorhersagen, haben einen längeren Zeithorizont und streben danach, marktnahe Renditen zu erreichen.

Der Effizienzmarkthypothese (englisch: *efficient market hypothesis, EMH*) zufolge **kann kein Anleger den Markt dauerhaft übertreffen, allenfalls durch Zufall**. Aktive Manager testen diese Hypothese täglich, indem sie versuchen, besser abzuschneiden als ihre Benchmarks und überdurchschnittliche risikobereinigte Erträge zu erzielen. Allerdings überwiegen die Beweise dafür, dass sie sich vergeblich bemühen.

Abbildung 4-1 zeigt, welcher Prozentsatz aktiv verwalteter Aktienfonds im Fünfjahreszeitraum bis 31. Dezember 2009 hinter der Rendite der jeweiligen Vergleichsindizes zurückblieb. Wie ersichtlich wird, **gelang es den meisten Fonds nicht, ihre Benchmark zu übertreffen.** (Wären die Manager international ausgerichteter Small-Cap-Fonds in korrekter Weise an einem Index gemessen worden, der Schwellenländer umfasst, läge der Anteil der Abgehängten bei siebzig bis achtzig Prozent, etwa so hoch wie in den anderen Kategorien.)

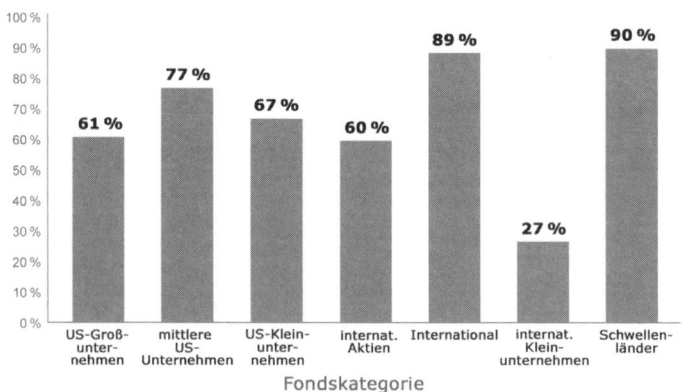

Abbildung 4-1 An ihrer Benchmark gescheiterte aktive Manager (%)

1. Januar 2005 bis 31. Dezember 2009

Quelle: Standard & Poor's Indices Versus Actives Funds Scorecard (SPIVA), 30. März 2010. Vergleichsindizes: US Large Cap: S&P 500 Index, US Mid Cap: S&P Mid Cap 400 Index, US Small Cap: S&P Small Cap Index, Global Funds: S&P Global 1200 Index, International: S&P 700 Index, International Small: S&P Developed ex.-US Small Cap Index, Emerging Markets: S&P IFCI Composite. Die Daten für die SPIVA-Studie stammen aus der Survior-Bias-Free US Mutual Fund Database des Center for Research in Security Prices (CRSP). Ergebnisse abzüglich Gebühren und Kosten. Direktanlage in die Indizes ist nicht möglich.

Aktive Vermögensverwalter zielen darauf ab, höhere Rendite zu erzielen als der Markt (oder ein Vergleichsindex). Hierzu stellen sie ein Portfolio zusammen, das sich vom Markt unterscheidet. Nach ihrer Ansicht lässt sich der Markt durch überlegene Informationsbeschaffung und Analyse schlagen. Einige aktive Manager stützen sich auf Fundamentaldaten wie Bilanzzahlen oder Wirtschaftsstatistiken, andere auf die technische Analyse auf Basis von Charts und Grafiken historischer Kurse, Handelsvolumina und anderer Indikatoren, die ihrer Ansicht nach künftige Preisbewegungen voraussagen.

Im Wesentlichen setzen sie beim Versuch, ihre Benchmark zu übertreffen, gezielt auf bestimmte Wertpapiere. Sie halten nur diejenigen, von denen sie die beste Entwicklung erwarten, und der Rest bleibt außen vor. Dieser Ansatz geht natürlich auf Kosten der Diversifikation. Auch wird es schwieriger, zuverlässig von der Rendite einer gewünschten Anlageklasse zu profitieren und die Struktur des Gesamtportfolios zu kontrollieren.

Studien zufolge **weichen die Renditen bei aktivem Management häufig stark von den Benchmarks ab und die Portfolios weisen oft Überschneidungen zwischen mehreren Anlageklassen auf.**

Aktive Manager versuchen vor allem auf zwei Wegen, besser abzuschneiden als der breite Markt: 1) *Markttiming* und 2) die gezielte *Auswahl von Wertpapieren.*

Beim Markttiming besteht das Ziel darin, die Entwicklung von Kursen zu prognostizieren und sich entsprechend zu positionieren. Da aber **niemand die Zukunft sicher voraussagen kann, dürfte es kaum überraschen: Eine erdrückende Beweislast spricht dafür, dass Markttiming nicht funktioniert.**

Den richtigen Zeitpunkt zum Ein- oder Ausstieg zu treffen ist auch deshalb so schwer, weil **Gewinne (oder Verluste) an den Märkten häufig in großen Schüben und innerhalb relativ weniger Handelstage auftreten.** Wie Abbildung 4-2 zeigt, verliert ein Anleger einen beträchtlichen Teil der Gesamtrendite des Marktes, wenn er nur einige dieser herausragenden Tage verpasst. Wir halten es für unmöglich, im Voraus zu wissen, wann diese besonders starken (oder schwachen) Tage anstehen.

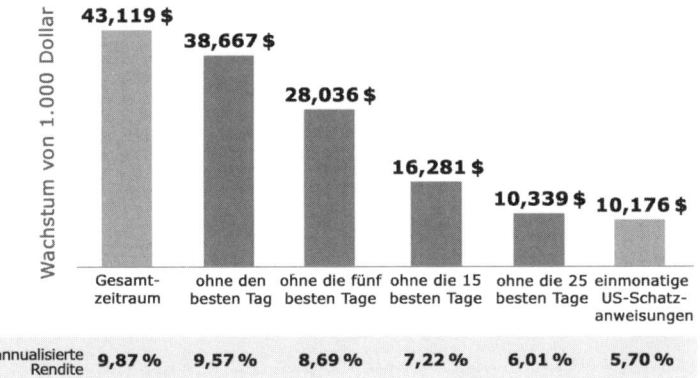

Abbildung 4-2 Wertentwicklung des S&P 500 Index

Täglich: 1. Januar 1970 bis 31. Dezember 2009

Daten Januar 1970 bis August 2009 vom Center for Research in Security Prices (CRSP), University of Chicago. Daten September 2009 bis Dezember 2009 von Bloomberg. S&P-Daten von Standard & Poor's Index Services Group. Daten zu Schatzanweisungen aus dem Stocks, Bonds, Bills, and Inflation Yearbook™, Ibbotson Associates, Chicago. Direktanlage in die Indizes ist nicht möglich. Bei der Berechnung der Wertentwicklung wurden die Kosten für die Verwaltung eines tatsächlichen Portfolios nicht berücksichtigt. Die Wertentwicklung der Vergangenheit ist keine Garantie für künftige Ergebnisse. Investments beinhalten immer ein Verlustrisiko.

Die zweite Methode, die bei aktivem Management zum Einsatz kommt, ist die *Einzelwertauswahl* (oder Stockpicking). Hierbei wird versucht, vom Markt falsch bewertete Wertpapiere zu finden, in der Hoffnung, dass der Preisfehler bald korrigiert wird und eine Rendite über Marktniveau entsteht. Im Jargon der Finanzbranche betrachtet ein aktiver Manager ein Wertpapier als unter-, über- oder fair bewertet. Als unterbewertet betrachtete Instrumente (die potenziellen »Gewinner«) werden gekauft, die als überbewertet eingeschätzten (die potenziellen »Verlierer«) verkauft.

Sie sollten wissen, dass Sie beim Kauf oder Verkauf eines Wertpapiers jedes Mal eine Wette eingehen. Sie positionieren sich gegen die Auffassung zahlreicher Marktteilnehmer, die möglicherweise über bessere Informationen verfügen als Sie. Wenn ein Markt funktioniert, spiegelt der Marktpreis sämtliche bekannten Informationen wider. Ihre Chance, gegen den Markt zu gewinnen, liegt demnach bei rund fünfzig Prozent (und weniger, wenn man die Kosten einrechnet).

Nochmals: Die Finanzbranche und die Medien haben ein ureigenes Interesse daran, uns vorzugaukeln, wir könnten den Markt schlagen, wenn wir gewitzter sind und uns mehr Mühe geben als andere. Durch den heutigen technischen Fortschritt werden neue Informationen jedoch rasch verbreitet und schlagen sich fast augenblicklich in den Preisen von Wertpapieren nieder. **Es macht gerade die Funktion eines Marktes aus, dass kein einzelner Anleger zuverlässig auf Kosten anderer Anleger Gewinn machen kann.**

„Es gibt zwei Arten von
Prognostikern: jene, die
nichts wissen – und jene,
die nicht wissen, dass sie
nichts wissen."

John Kenneth Galbraith

Der Gedanke, dass die Preise das gesamte Wissen und alle Erwartungen der Investoren widerspiegeln, wird in Wissenschaftskreisen als Effizienzmarkthypothese bezeichnet. Entwickelt wurde das Konzept von Professor Eugene Fama an der Booth School of Business der University of Chicago.[4]

Manchmal wird die Effizienzmarkthypothese dahingehend fehlinterpretiert, dass Marktpreise immer richtig seien. Doch das ist nicht der Fall. Auch auf einem funktionierenden Markt kann für gewisse Zeit ein falscher Preis herrschen. Allerdings geschieht dies so zufällig und unvorhersehbar, dass kein Investor systematisch besser abschneiden kann als die anderen oder der Markt insgesamt.

[4] Fama, E.F., 1965, »The Behavior of Stock-Market Prices«, The Journal of Business, Vol. 38, Nr. 1, S. 34–105

Die Gewinner unter den Vermögensverwaltern finden

Trotzdem halten viele Anleger daran fest, sie könnten gegen den Markt gewinnen, wenn sie einen genügend geschickten, fleißigen und talentierten Manager finden – einen Roger Federer oder Michael Jordan der Vermögensverwaltung. Natürlich ist es leicht, eine hervorragende Investmentbilanz im Nachhinein zu erkennen, und ihre Urheber werden dann von den Medien als »Genies« herumgereicht. Aber **wie lassen sich die Spitzenmanager von morgen ausfindig machen, bevor sie ihre Gewinnsträhne haben?**

Zumeist wird hierzu das bisherige Abschneiden betrachtet. Man geht davon aus, dass eine gute Leistung in der Vergangenheit automatisch gute Leistung in der Zukunft bedeutet. Finanzmagazine wie *Forbes* und Ratingdienste wie *Morningstar* veröffentlichen solche Daten nur zu gern, da sie damit so viele Leser und Interessenten anziehen wie mit wenigen anderen Themen. Auch Investmentfonds-Anbieter sind schnell bei der Hand, mit ihren besonders gut gelaufenen »Spitzenreitern« zu werben, da sie so neues Geld von Anlegern erhalten. Doch trotz all diesem Treiben gibt es **kaum Belege dafür, dass die Wertentwicklung der Vergangenheit auf künftige Ergebnisse schließen lässt.**

PASSIVES INVESTIEREN

Einen sinnvolleren Ansatz für Anleger stellt das passive Investieren dar. Hier liegt die Vorstellung zugrunde, dass Märkte effizient sind und sich nur äußerst schwer übertreffen lassen, vor allem bei Berücksichtigung der Kosten. Passive Vermögensverwalter haben das Ziel, dieselbe Rendite zu erzielen wie eine Anlageklasse oder ein Marktsektor. Zu diesem Zweck investieren sie breit in sämtliche oder sehr viele Wertpapiere der gewünschten Klasse.

Die bekannteste (aber nicht einzige) Methode des passiven Investierens ist das *indexorientierte Anlegen* (Indexing). Hierbei erwirbt der Vermögensverwalter alle Wertpapiere eines Vergleichsindex, in genau demselben Verhältnis wie im Index. So repliziert der Manager das Ergebnis der Benchmark, wobei noch etwaige Kosten abgezogen werden. Der gängigste Benchmarkindex ist der S&P 500 aus den größten 500 US-Unternehmen, die gegenwärtig rund siebzig Prozent der Marktkapitalisierung in den USA ausmachen.

Kosten der Bargeldhaltung

Da Vermögensverwalter mit aktiver Strategie jederzeit auf der Suche nach dem nächsten Gewinner sind, halten sie gewöhnlich mehr liquide Mittel, damit sie rasch reagieren können, wenn sich die nächste (vermeintliche) große Anlagechance bietet. Da kurzfristige liquide Investments gewöhnlich eine viel niedrigere Rendite bringen als riskantere Vermögensklassen wie Aktien, kann die höhere Liquiditätsquote letztlich den Anlageerfolg eines aktiven Managers schmälern. Passive Vermögensverwalter haben eine viel niedrigere Barquote – und das bedeutet, dass zu jedem Zeitpunkt ein größerer Teil Ihres Geldes für Sie arbeitet.

Portfoliokonsistenz

Ein weiterer Vorteil des passiven Stils liegt darin, dass Sie mit Ihrem Berater eine Reihe von Anlageklassen auswählen können, die wie perfekt passende Bausteine ein wirksames Portfolio ergeben. Richtig gehandhabt gibt es zwischen den Wertpapieren der Bausteine kaum Überschneidungen und jeder von ihnen hat sein eigenes Chance-Risiko-Profil.

Aktive Manager verändern jedoch bisweilen das Anlageverhalten, um ihre Benchmark zu übertreffen. So beginnt zum Beispiel ein Vermögensverwalter, der eigentlich in große Substanzwerte investiert, plötzlich große Wachstumsaktien zu kaufen, weil er hier einen Kursschub erwartet. Diese »Stilverschiebung« kann zum Problem werden, vor allem wenn Sie bereits einen Fonds mit großen Wachstumswerten im Portfolio haben: Ihr Risiko würde sich überlappen, auf Kosten der Diversifikation. **Wenn Sie sich beim Aufbau des Portfolios auf aktive Manager stützen, verlieren Sie die Kontrolle über die Diversifikation.**

Die Bedeutung der Kosten

Eine Begründung für das schlechtere Abschneiden des aktiven Anlagestils stammt vom Nobelpreisträger William Sharpe von der Stanford University. Wie er scharfsinnig beobachtete, **erzielen aktive Vermögensverwalter als Gruppe zwangsläufig immer eine geringere Rendite als passive Manager.**[5] Die Erklärung: Sämtliche Investoren zusammen können maximal den Gesamtertrag des Marktes verdienen. (Eine Orange enthält nur eine bestimmte Menge Saft.) Da jedoch die Kosten eines aktiven Managers höher liegen – er muss mehr für die Umschichtung von Positionen und Marktanalyse ausgeben –, muss der Ertrag nach Kosten bei den aktiven Verwaltern insgesamt niedriger ausfallen als bei ihren passiv investierenden Kollegen.

Dies gilt für alle Anlageklassen, auch für angeblich weniger effiziente Segmente wie Nebenwerte/Small Caps und Schwellenländer, bei denen aktiven Managern häufig ein Vorteil attestiert wird, weil Informationen schwerer zugäng-

---

[5] Sharpe, W. F., 1991. »The Arithmetic of Active Management«, Financial Analysts' Journal, Jan/Feb.

lich sind. Sharpes Argumentation zufolge sollten aktive Vermögensverwalter in diesen Märkten aber sogar weiter zurückfallen als in größeren, aktiver gehandelten Märkten, da sie dort noch höhere Kosten haben – genau entgegen der gängigen Meinung.

Die Mehrkosten eines aktiven Investmentstils fallen in drei Kategorien:

1. **Höhere Verwaltungskosten.** Ein aktiver Vermögensverwalter muss mehr Geld für Analysten, Volkswirte und andere teure Fachleute ausgeben, die nach tollen neuen Anlagechancen suchen. Dazu kommen bei aktivem Management Kosten für Fondsmarketing und Vertrieb, um Geld von Anlegern zu gewinnen, oder als Provision für Vermittler wie Banken und Finanzvertriebe. Insgesamt kann der Kostenunterschied zwischen aktivem und passivem Investmentansatz bei über einem Prozent des Inventarwerts liegen.

2. **Höherer Umsatz/höhere Transaktionskosten.** Beim Versuch, überdurchschnittliche Renditen zu erreichen, schichten aktive Verwalter häufiger und offensiver um als passive Manager. Gewöhnlich fallen dadurch höhere Maklergebühren an, die in Form geringerer Gewinne an die Fondsinvestoren weitergegeben werden. Auch kann das durch Vermögens-

verwalter gehandelte Volumen zu sehr viel ungünstigeren Preisen führen. Man spricht hier von »Market Impact«: Wenn ein aktiver Manager unbedingt kaufen oder verkaufen will, muss er unter Umständen einen erheblichen Aufschlag zahlen, um das Geschäft rasch und in den nötigen Stückzahlen auszuführen (ähnlich wie bei einem Hauskauf, bei dem der Interessent unbedingt kaufen oder der Eigentümer unbedingt verkaufen will). Höhere Market-Impact-Kosten spielen vor allem in weniger liquiden Marktsegmenten wie Kleinunternehmen/Small Caps und Schwellenländer-Aktien eine Rolle. Man kann davon ausgehen, dass der Umschlag aktiv verwalteter Fonds nicht selten viermal oder noch höher liegt als bei Indexfonds. So können die zusätzlichen Handelskosten für aktives Management jährlich bei über einem Prozent des Inventarwerts liegen.

3. **Höhere Steuerbelastung.** Da aktive Vermögensverwalter häufiger kaufen und verkaufen, fallen bei steuerpflichtigen Investoren natürlich rascher Kapitalgewinne an. Denken Sie daran: Wenn Ihr Investmentfonds ein Wertpapier mit Gewinn verkauft, wird dieser Ertrag möglicherweise als zu versteuernde Ausschüttung an Sie weitergegeben. Bei länger als ein Jahr gehaltenen Investments müssen Sie dann den Steuersatz für langfristige Kapitalzuwächse zahlen, bei Haltefristen

bis zu einem Jahr würde der Satz für Kurzfristanlagen gelten. Die zusätzliche Steuerlast durch das vorzeitige Anfallen von Gewinnen liegt bisweilen bei mehr als einem Prozent jährlich.

Von diesen drei Kategorien **erfahren Anleger meist nur die Verwaltungskosten**. Dabei wäre es interessant, vor allem noch die Transaktionskosten zu erfahren, denn oftmals wickeln Fondsgesellschaften den Handel über andere Teilunternehmen desselben Konzerns ab. So bleiben die Handelsgebühren »im Haus« und es entsteht ein Interessenkonflikt. Allerdings scheitert der Versuch von Anlegern, vor Gericht Einblick in die Transaktionskosten zu erzwingen, in Deutschland regelmäßig.

Seit einiger Zeit müssen Investmentgesellschaften immerhin die sogenannte Total Expense Ratio (TER) ausweisen. Anders als der Name erwarten lässt, umfasst sie keineswegs sämtliche Aufwendungen, sondern nur die laufenden Kosten zu Lasten des Fondsvermögens. Dies sind im Wesentlichen Verwaltungsgebühr inklusive der Vergütung für das Management sowie die Depotbankgebühren. Nicht enthalten sind – außer den Transaktionskosten – etwaige Performance-Gebühren für das Management, die bei Erreichen zuvor festgelegter Investmentziele anfallen.

In Deutschland liegt die TER bei aktiv gemanagten Aktienfonds im Mittel bei 1,57 Prozent, in den USA bei 1,32 Prozent. Bei europäischen Fonds, die grenzüberschreitend anlegen, beläuft sich die Expense Ratio auf durchschnittlich 1,98 Prozent.[6]

Passive Fonds oder börsengehandelte Fonds (englisch: *exchange traded funds, ETF*) hingegen sind bereits für unter ein Prozent TER jährlich zu haben, nicht selten sogar für unter 0,5 Prozent.[7]

Geht man davon aus, dass sich die Mehrkosten durch aktives Management auf jährlich zwei bis drei Prozent belaufen, muss ein aktiver Vermögensverwalter bereits ausgezeichnete Arbeit leisten, um mit einem passiven Konkurrenten wie einem Indexfonds auch nur mitzuhalten.

Abbildung 4-3 vergleicht den Endwert eines hypothetischen Investments (mit einem Wertzuwachs von acht Prozent jährlich vor Gebühren) bei verschiedenen jährlichen Kostenquoten.

---

[6]   Lipper Analytical Services, »Fund Expenses: A Transatlantic Study«, September 2009
[7]   Informationen zu den Kosten eines bestimmten Fonds finden sich im Prospekt des Fonds. Allerdings bedeutet es oftmals erhebliche Mühe, dort sämtliche Kostenpositionen aufzuspüren. Beachten Sie, wie sich jeder zusätzliche Prozentpunkt an Kosten aufaddiert und Ihren langfristigen Anlageerfolg schmälert.

Achten Sie auf die Kostenbelastung!

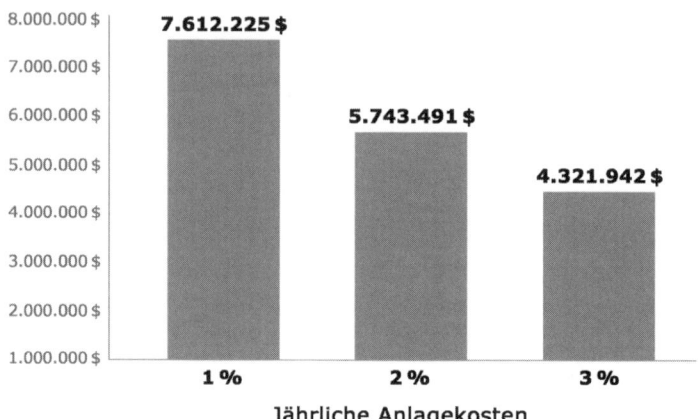

Abbildung 4-3 Kosten spielen eine Rolle

Wertzuwachs einer Million Dollar: acht Prozent Bruttoertrag über 30 Jahre

Annahme von acht Prozent Ertrag vor Kosten, keine Steuerbelastung. Netto-Ausgangsinvestment eine Million Dollar. Nur zu Illustrationszwecken.

KAPITEL 5

Rebasierung des Portfolios

Auch wenn Sie sich für eine passive, vor allem auf Anlageklassen gestützte Strategie entscheiden, profitieren Sie bisweilen von einer geringfügigen Anpassung der Vermögensverteilung im Portfolio. Diese Veränderungen sollten jedoch nicht wegen einer Prognose vorgenommen werden, sondern immer dann, wenn sich die ursprüngliche prozentuale Verteilung der Anlageklassen in Ihrem Depot verschoben hat und wieder auf den Zielwert zurückgeführt werden muss. Dieser Vorgang wird als *Rebasierung* bezeichnet.

Wenn beispielsweise die Kurse an den Aktienbörsen eine Zeit lang stark anziehen, kann aus einem Mix von 60 Prozent Aktien und 40 Prozent Anleihen ein Verhältnis von 70 zu 30 werden. Ohne Gegensteuern wäre Ihr Portfolio dann einem höheren Risiko ausgesetzt, möglicherweise an einem Hoch des Marktes, und indem Sie auf das Ausgangsverhältnis von 60 zu 40 rebasieren, stellen Sie wieder das gewünschte Chance-Risiko-Verhältnis her.

In unserem Beispiel könnte die Anpassung erfolgen, indem weiteres Geld investiert und Renten gekauft werden. Genauso gut ist es möglich, Mittel aus der Aktienposition abzuziehen (vielleicht für die Lebenshaltung) oder Aktien zu veräußern und die Einnahmen in Anleihen anzulegen, um wieder zu einem 60-40-Mix zu gelangen.

Psychologisch widerspricht das Rebasieren der Intuition und widerstrebt vielen Anlegern. Vielleicht sagen Sie zu Ihrem Berater: »Ich soll wirklich die guten Werte verkaufen und mehr von den Nieten kaufen, die mir die ganzen Jahre nichts gebracht haben? Sind Sie verrückt?«

Dieses Denken rührt daher, dass wir uns instinktiv an Trends orientieren. Wir kaufen gerne zu, was in jüngster Zeit gut gelaufen ist, und stoßen ab, was sich schlecht entwickelt hat. So laufen wir allerdings Gefahr, teuer zu kaufen und billig zu verkaufen – das Gegenteil dessen, was wir tun sollten. **Rebasierung führt nun automatisch dazu, dass wir uns günstig eindecken und zu höheren Preisen verkaufen, ohne dass unsere Emotionen im Wege stehen.**

Methoden der Rebasierung

Die Korrektur der Portfoliostruktur kann auf verschiedene Weisen erfolgen. Einige Berater rebasieren zu festen Zeitpunk-

ten, etwa immer zur selben Zeit im Quartal. Andere überprü-
fen Ihr Depot vielleicht regelmäßig, schichten jedoch nur um,
wenn eine oder mehrere Positionen so weit von der gewünschten Gewichtung abweichen, dass eine Rebasierung nötig ist.

Fragen Sie Ihren Berater auf jeden Fall nach seiner bevorzugten Rebasierungsmethode.

Vorteile der Rebasierung

Ein wesentlicher Nutzen der Rebasierung besteht darin, die Gewichtung der Vermögenswerte in Ihrem Portfolio mit Ihren Zielen und dem gewünschten Risiko im Ein-
klang zu halten. Sie haben das Risikoniveau auf Grundlage
Ihrer Risikotoleranz, Ihres Zeithorizontes und anderer wichtiger Faktoren sorgfältig gewählt, und nun sollen die Markt-
bewegungen die Höhe des Risikos nicht zufällig verändern.
Sie wollen selbst die Kontrolle behalten und nur dann Veränderungen vornehmen, wenn es Ihrer langfristigen Finanzplanung entspricht (und möglichen Änderungen dieser Vorgaben im Laufe der Zeit). Beispielsweise senken die meisten
Anleger mit zunehmendem Alter das Risiko ihres Portfolios,
indem sie die Aktienpositionen reduzieren.

Zudem gleicht die Depotanpassung die üblichen, aber un-
vorhersehbaren Marktschwankungen aus. Oft folgen zum

Beispiel auf Phasen hoher Erträge bei einer Anlageklasse Zeiten mit niedrigeren Renditen. Dadurch, dass die Gewichtung einer Klasse beim Überschreiten der Vorgaben systematisch verringert und bei einer Untergewichtung erhöht wird, halten Sie mit Ihrem Portfolio leichter das angestrebte Risikoniveau und erzielen die gewünschte Rendite.

Wie dies funktionieren kann, zeigt Abbildung 5-1 mit einem Beispiel. Wir haben zwei hypothetische Depots zusammengestellt. Im Anfangsjahr 1990 besitzen die einzelnen Anlageklassen in beiden Depots folgende Gewichte:[8]

- ▶ große US-Wachstumsaktien: 15 %
- ▶ große US-Substanzwerte: 15 %
- ▶ kleine US-Wachstumsaktien: 10 %
- ▶ kleine US-Substanzwerte: 10 %
- ▶ große internationale Wachstumsaktien: 10 %
- ▶ große internationale Substanzwerte: 10 %
- ▶ langfristige Staatsanleihen: 30 %

Dann wird die Entwicklung der beiden Depots bis 2009 beobachtet, wobei ein Depot jedes Jahr auf die Ausgangsgewich-

---

[8]   Die großen US-Wachstumsaktien entsprechen dem Fama-French US Large Growth Index, die großen US-Substanzwerte dem Fama-French US Large Value Index. Kleine US-Substanzwerte werden durch den Fama-French U.S. Small Value Index repräsentiert, große internationale Wachstumsaktien durch den MSCI EAFE Index, große internationale Substanzwerte durch den Fama-French International Large Value Index, langfristige Staatsanleihen durch den Long-Term Government Bond Index. Vollständige Informationen zu den Indizes finden sich im Abschnitt Quellen und Angaben zum Datenmaterial.

te rebasiert und das andere während der gesamten Zeit ohne Eingriff seiner Entwicklung überlassen wird. Sie haben es sich sicher gedacht: Die Erträge des rebasierten Portfolios waren weniger volatil. Dies liegt daran, dass die Gewichte der Anlageklassen immer wieder auf den Zielwert eingestellt werden, während sie sich im nicht nachgeführten Portfolio mit der Zeit hin zu den riskanteren Instrumenten verschieben.

Überraschen dürfte einige hingegen, dass das rebasierte Portfolio einen 0,88 Prozentpunkte höheren mittleren Jahresertrag hatte. Dies hat wesentliche Auswirkungen, wie Abbildung 5-1 veranschaulicht. Grund für den höheren Ertrag: Das rebasierte Depot verlor in schlechten Marktphasen weniger stark, da die vorgegebene Verteilung erhalten wurde, sodass die Anlageklasen mit den höchsten Verlusten kein zu großes Gewicht erhielten.

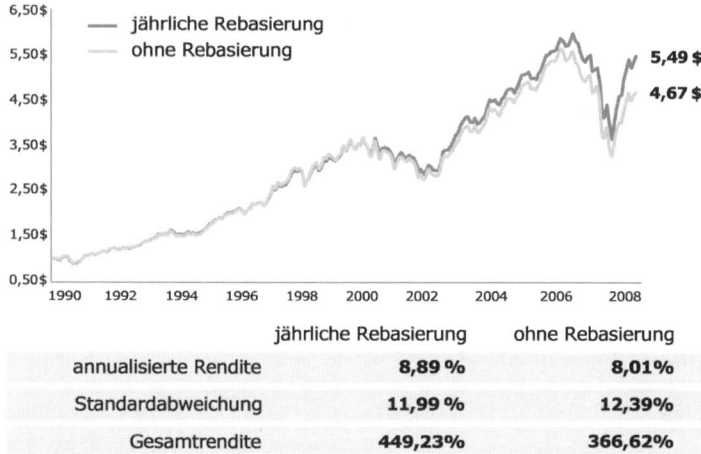

	jährliche Rebasierung	ohne Rebasierung
annualisierte Rendite	**8,89 %**	**8,01%**
Standardabweichung	**11,99 %**	**12,39%**
Gesamtrendite	**449,23%**	**366,62%**

Abbildung 5-1 Wertentwicklung eines Dollars

1. Januar 1990 bis 31. Dezember 2009

Es handelt sich um ein hypothetisches Portfolio, das sich möglicherweise nicht für alle Investoren eignet. Die Wertsteigerung beruht auf der Indexentwicklung ohne Gebühren und Kosten. Sie spiegelt unter Umständen den Einfluss von Konjunktur- und Marktbedingungen auf die Entscheidungen des Managements nicht wider, mit dem bei einem realen Kundenportfolio zu rechnen ist. Thesaurierung von Dividenden und Kursgewinnen. Modelle zur Portfoliostrukturierung sind nicht für alle Investoren geeignet. Die Wertentwicklung beruht auf keinen tatsächlichen Investments, sondern auf rückblickenden Simulationen und damit einer Ex-post-Betrachtung. Tatsächliche Ergebnisse können abweichen. Direktanlage in die Indizes ist nicht möglich.

Fazit

KAPITEL 6

Was eignet sich
als Erfolgsmaßstab?

Jeder möchte seinen Anlageerfolg beurteilen können. Leider haben Finanzbranche und Finanzmedien keinen Anreiz oder nicht die richtigen Instrumente, uns wirksame Kontrollmöglichkeiten in die Hand zu geben. Deshalb stützen wir unsere Einschätzung oft auf das Abschneiden von Freunden oder Nachbarn oder auf Medienberichte.

Hier der richtige Ansatz zur Lösung dieses Problems:

Wenn Investoren vom »Markt« sprechen, beziehen sie sich häufig auf die Entwicklung von Leitindizes. In Europa gilt das Augenmerk vieler Investoren hier den beiden Barometern der Börsenschwergewichte, dem Euro Stoxx 50 für den Euroraum und dem Stoxx 50 für Europa. Doch auch wenn sie jeweils annähernd die Hälfte des Börsenwertes der erfassten Länder abdecken, sind beide ausschließlich aus großen Unternehmen zusammengesetzt, also einer einzigen Anlageklasse. Dasselbe gilt für den wichtigsten US-Index, den S&P

500. Er steht für rund 70 Prozent der Marktkapitalisierung der USA, umfasst jedoch nur große Werte. Diese Tatsache wird jedoch häufig ignoriert und die Indizes als Benchmark für Anleger genutzt, deren Portfolio völlig andere Risikomerkmale besitzt.

Ausgewogene Depots etwa, um die es in diesem Buch geht, schließen zahlreiche weitere Anlageklassen ein, jede mit anderen Chance-Risiko-Eigenschaften als einer der genannten Indizes. Da Risiko und Ertrag gekoppelt sind, überrascht es wohl nicht, dass die langfristige Ertragserwartung aus dem S&P 500 niedriger liegt als für den Aktienmarkt insgesamt und viele andere Aktienklassen wie kleine Unternehmen und Substanzwerte. Schließlich gelten die großen Namen wie im Stoxx 50, Euro Stoxx 50 oder S&P 500 als äußerst sicher. Daher sollten sie entsprechend teurer sein und geringere Gewinnaussichten bieten. **Demnach sind diese Indizes für Sie nur dann als Benchmark geeignet, wenn Ihr Portfolio *ausschließlich* große Unternehmen der jeweiligen Region enthält.**

Da Ihr Depot jedoch viele unterschiedliche Anlageklassen umfassen sollte, sind die Stoxx-Indizes, der S&P 500 (sowie alle anderen, eine einzelne Vermögensklasse abbildenden Indizes) als Vergleichsmaßstab unbrauchbar. Welche Benchmark bietet sich für Ihr breit diversifiziertes Portfolio also dann an?

Ihr Berater sollte in der Lage sein, für jede Anlageklasse in Ihrem Portfolio zumindest eine passende Benchmark zu finden. **Geeignet ist ein Erfolgsmaßstab immer dann, wenn er ähnliche Risikomerkmale aufweist wie die jeweilige Anlageklasse.** Aktien-Benchmarks sollten sich auf Titel derselben *Größe* sowie ebenfalls auf *Substanz- oder Wachstumswerte* beziehen wie die zu beurteilenden Aktieninvestments. Bei Bonds sollte die Benchmark Ihren Anlagen in *durchschnittlicher Laufzeit* und *Bonität* ähneln.

Kompetente Berater verfügen über geeignete Instrumente, um das Gesamtrisiko zu bestimmen, das Ihr Portfolio durch Ihre spezielle Auswahl und Gewichtung von Anlageklassen besitzt. Durch den Vergleich Ihrer Bilanz mit einer Kombination passender Indizes und Benchmarks (in jeweils gleicher Gewichtung wie die Positionen in Ihrem Depot) können Sie Ihren Anlageerfolg dann fundiert beurteilen.

Um es noch einmal zu sagen: **Was zählt, ist die Wertentwicklung Ihres Portfolios als Ganzes.**

KAPITEL 7

Welche Alternativen gibt es?

Oft hört man von exklusiven Hedgefonds, Beteiligungsfonds, Rohstoffen und anderen Alternativen zu klassischen
Geldanlagen. Inwiefern unterscheiden sich solche Investments von den herkömmlichen Anlageklassen, die wir in diesem Buch empfehlen? Sollten Sie Ihrem Portfolio diese sogenannten alternativen Investments beimischen?

Vielfalt nicht gleich Diversifikation

Häufig wird argumentiert, alternative Anlageformen sei-
en gut geeignet, ein langfristig ausgelegtes Portfolio weiter
zu diversifizieren. Sie brächten hohe Renditen und seien mit
klassischen Anlageinstrumenten wenig korreliert (ihre Kurse also relativ unabhängig). Es ist richtig, dass viele nicht-
traditionelle Investments kaum mit Standardinvestments
korrelieren. Doch rechtfertigt dies für sich allein noch nicht
die Aufnahme in Ihr Portfolio. Beispielsweise hat auch eine
Sportwette nichts mit der Entwicklung der Börse zu tun, und
trotzdem kommen Sie nicht auf die Idee, im Rahmen Ihrer
Investmentstrategie auf die Pferderennen zu setzen.

Es gibt kaum Beweise, dass alternative Anlagen mehr Ertrag bringen als die traditionellen Anlageklassen. Aus unserer Sicht ist vielen Investoren (inklusive der Vermögensverwalter, die solche Strategien anbieten) nicht ganz klar, auf welche Risiken sie sich einlassen.

Das höhere Risiko alternativer Investments entsteht durch:

- umfangreichen Einsatz von Krediten,
- Konzentration auf einzelne Instrumente oder Marktsegmente,
- häufiges Umschichten des Portfolios,
- Heranziehen subjektiver Prognosen.

Exklusiv bedeutet nicht unbedingt exzellent

Bei manchen alternativen Anbietern wie Hedgefonds oder Beteiligungsfonds liegt die minimale Anlagesumme für die allermeisten Privatinvestoren unerreichbar hoch. Dies wirkt – was nur menschlich ist – geheimnisvoll und anziehend. Einige Investmentgesellschaften nutzen das aus. Sie legen sogenannte Dachfonds an, die das Geld kleinerer Investoren bündeln und ihnen sonst nicht verfügbare Strategien zugänglich machen. Natürlich schlagen die Anbieter für dieses Privileg zusätzliche Gebühren auf, und wie entsprechende Untersuchungen zeigen, schneiden Dachfonds bei der Rendite im Durchschnitt schlechter ab als die Zielfonds, in die sie investieren.[9]

Um es noch einmal ausdrücklich zu sagen: Nur weil etwas schwer zu bekommen ist, stellt es nicht automatisch ein gutes oder für Sie geeignetes Investment dar. **Sie sollten gründlich überlegen, bevor Sie sich für ein Dachfonds-Investment entscheiden.**

Hier ein Überblick über häufig genannte alternative Investments:

HEDGEFONDS

Es gibt verschiedene Typen von Hedgefonds, die ein äußerst breites Spektrum von Investment- und Handelsstrategien verfolgen. Sie setzen zum Beispiel auf internationale makroökonomische Trends, notleidende Kredite, Währungsbewegungen, Rohstoffe, Unternehmensfusionen, und sie tätigen Leerverkäufe (um von fallenden Preisen zu profitieren). Jede dieser Strategien besitzt ein eigenes Risiko-Ertrags-Verhältnis.

---

[9] Vgl. Kat und Amin (2001), Amin und Kat (2002), Ackermann, McEnally und Ravenscraft (1999), Lhabitant und Learned (2002), Brown, Goetzmann und Liang (2004), Capocci und Hubner (2004) sowie Fung und Hsieh (2004).

Die drei häufigsten Merkmale von Hedgefonds sind:

1. hohe *Managementvergütung*: Üblich sind 1,5 Prozent der Anlagesumme und zwanzig Prozent des Gewinns über einem bestimmten Mindestertrag.[10]
2. *Leverage*: Hierbei wird das Fondsvermögen beliehen, um mit den zusätzlichen Mitteln die Rendite zu steigern.
3. niedrige *Liquidität*: Meist lässt sich investiertes Geld nur unter bestimmten Bedingungen abziehen.

Entsprechend ist oft von Hedgefonds-Managern zu lesen, die Milliardenbeträge für sich selbst und Traumrenditen für ihre Anleger verdienen. Überhöhtes Risiko und stolze Gebühren können jedoch auch zu ungemein schlechten Ergebnissen führen, und wir erfahren regelmäßig vom Zusammenbruch prominenter Hedgefonds, vor allem in den vergangenen Jahren.

Die Wettbewerbslandschaft der Hedgefonds-Branche unterliegt raschem Wandel. Jährlich werden Hunderte Fonds eröffnet und geschlossen. Der Wirtschaftspublikation *Pensions & Investments* zufolge gingen 2009 insgesamt 784 Fonds neu an den Start, während 1023 bestehende Fonds aufgelöst wurden. Was frappierend ist: Die Lebensdauer eines Hedge-

---

[10] Median der Gebühren, Daten aus der Hedgefonds-Datenbank Trading Advisor Selection System (TASS)

fonds beträgt im Median nur 31 Monate. Weniger als 15 Prozent aller Hedgefonds halten länger als sechs Jahre durch und sechzig Prozent verschwinden innerhalb von weniger als drei Jahren wieder.[11]

Sich einen Überblick über die Renditehistorie von Hedgefonds zu verschaffen ist schwierig, da die verfügbare Datenbasis zahlreiche Schwächen hat. So gibt das Management Renditedaten jeweils nach eigenem Gutdünken heraus (also vermutlich dann, wenn die Bilanz gut ausfällt) und wegen schlechter Ergebnisse geschlossene Fonds werden komplett aus den Datenbeständen entfernt. Allerdings zeigen Untersuchungen, die diese Mängel rechnerisch auszugleichen versuchen, dass die Renditen von Hedgefonds weit niedriger sind, als sonst berichtet wird.

Ähnlich wie bei traditionellen aktiven Vermögensverwaltern mangelt es auch bei Hedgefonds an einer konstanten Erfolgsbilanz. Absolviert ein Fonds ein überdurchschnittliches Jahr, kann er in den darauffolgenden zwölf Monaten nur zu fünfzig Prozent an diese Leistung anknüpfen.[12] Das entspricht gerade der Zufallswahrscheinlichkeit.

---

[11] King, M.R., und Maier, P., 2009, »Hedge funds and financial stability: Regulating Prime Brokers will Mitigate Systemic Risks«, Journal of Financial Stability, 5, S. 285

[12] Malkiel, B. G., und A. Saha 2005, »Hedge Funds: Risk and Return«, Financial Analysts Journal, 61(6), S. 84–85.

Vergegenwärtigen Sie sich auf jeden Fall, dass **Hedgefonds oft 1) teurer und 2) weniger diversifiziert sind, 3) mit hohem Anteil Fremdkapital arbeiten und 4) ein weniger liquides Investment sind** als klassische Anlageformen wie Investmentfonds.

BETEILIGUNGSKAPITAL (INKLUSIVE WAGNISKAPITAL)

Beteiligungsfonds finanzieren mit relativ kleinem Eigenkapitalanteil und einem hohem Anteil von Krediten Investments in Unternehmen, die entweder nicht börsennotiert sind oder (über den Aufkauf einer an der Börse notierten Gesellschaft) aus dem Handel genommen werden. Die beiden häufigsten Formen von Beteiligungsstrategien sind sogenannte fremdkapitalfinanzierte Übernahmen (Leveraged Buyouts) und Wagniskapitalbeteiligungen.

Erfolgreiche Beteiligungskapital-Unternehmen schaffen einen Mehrwert, indem sie direkten Einfluss auf das Management der Gesellschaften nehmen, in die sie investieren. Ihr Ziel ist, Wirtschaftlichkeit und Wachstum zu steigern, sodass sie ein Portfoliounternehmen am Ende für ein Vielfaches des Ausgangsinvestments verkaufen können. Dies kann über einen Börsengang, den Verkauf an ein anderes Unternehmen oder Rekapitalisierung geschehen. (Für Letztere muss das Unternehmen so wertvoll geworden sein, dass es neue Darlehen von Dritten erhält und die Eigentümer auszahlen kann.)

Bis ein Beteiligungsunternehmen Ihr Geld investiert hat, kann es fünf bis sechs Jahre dauern – und viele weitere Jahre, bis sich ein finanzieller Erfolg einstellt. Entsprechend kann ein Anleger sein Geld meist nicht ohne Weiteres kurzfristig zurückbekommen. Als Vergütung für das Management der Beteiligungsfonds sind bis zu zwei Prozent Verwaltungsgebühr sowie eine Erfolgsbeteiligung von zwanzig Prozent üblich.

Bei Wagniskapitalfinanzierern gibt es vergleichbare Regelungen zur Managementvergütung sowie Liquiditätsbeschränkungen für Investoren. Da hier jedoch in neu gegründete oder junge Unternehmen investiert wird, die riskanter sind und häufig keine Vermögenswerte besitzen, sind Kredite zur Renditesteigerung unüblich.

Ähnlich wie bei Hedgefonds ist es schwierig, den Erfolg der Beteiligungsbranche insgesamt abzuschätzen. Auch hier kommt es auf die Unternehmen selbst an, ob sie Renditedaten vorlegen. Wissenschaftler verweisen zudem auf zwei

Probleme, durch die die Zahlen in den Berichten der Branche sowie in Studien übertrieben gut ausfallen: eine zu hohe Bewertung aktueller Investments sowie eine bevorzugte Betrachtung der erfolgreicheren Fonds.[13]

Bitte halten Sie sich auch hier vor Augen: **Beteiligungsinvestments sind in der Regel 1) teurer, 2) weniger diversifiziert, 3) arbeiten mit hohem Anteil Fremdkapital und 4) sind ein weniger liquides Investment** als klassische Anlageformen wie Investmentfonds.

ROHSTOFFE (GOLD, ÖL & GAS ETC.)

Zu den Rohstoffen zählen Agrarprodukte (Nahrungs-, Futter- und Faserpflanzen), Nutztiere und Fleisch, Edel- und Industriemetalle (Gold, Silber usw.) und Energieträger (Öl und Gas). Als Anlageobjekt lassen sich Rohstoffe auf verschiedene Weisen nutzen, beispielsweise durch Investmentfonds, Terminkontrakte (die den Preis eines Rohstoffs für einen Zeitpunkt in der Zukunft festlegen), börsennotierte Fonds (englisch: *exchange traded funds, ETFs*) oder physischen Besitz (wobei dies durch die Lagerhaltungskosten gewöhnlich schwer möglich ist).

---

[13] Phalippou, Ludovic und Oliver Gottschalg, 2009, »Performance of Private Equity Funds«, The Review of Financial Studies, Bd. 22, Nr. 4, S. 1747–1776.

Häufig gehörte Argumente für Rohstoffinvestments lauten, sie dienten als Schutz vor Inflation und trügen zur Diversifikation bei. Auf kurze Sicht kann dies zutreffen, aber langfristig sollten Sie Folgendes bedenken:

1. Ein gutes Absicherungsinstrument besitzt eine *starke Korrelation* (bewegt sich also gemeinsam) mit dem Risiko, das man verringern will, und zwar kurz- und langfristig. In der Tat korreliert ein gut diversifizierter Rohstoffkorb über lange Zeiträume meist eng mit der Inflation. (Im Prinzip wird Inflation auf diesem Weg gemessen.)

Kurzfristig können Rohstoffpreise jedoch sehr volatil sein – viele Male volatiler als die Preisentwicklung, die sich nur langsam ändert. **Werden Rohstoffe zum Schutz vor Inflation eingesetzt, fallen kurzfristig unter Umständen sehr hohe Gewinne oder Verluste an.** Ein potenzieller Absicherungseffekt wird dadurch möglicherweise zunichte gemacht.

2. Anders als traditionelle Anlageinstrumente bringen Rohstoffe weder Einnahmen noch Zinsen und schaffen keinen unternehmerischen Mehrwert. Sie stellen eine spekulative Wette dar, bei der es am Ende einen Gewinner und einen Verlierer gibt. **Rohstoffe gewähren keinerlei Anteil an einem Einkommensstrom.**

Dazu kommt, dass ein breit gefächertes Aktienportfolio mit Unternehmen beispielsweise aus dem Energie-, Bergbau- oder Agrarsektor sowie Veredelungsunternehmen bereits stark gegenüber Rohstoffen exponiert ist.

FAZIT

Aus unserer Sicht **brauchen Sie keine alternativen Investments, um als Anleger Erfolg zu haben** – vor allem angesichts der höheren Kosten, der mangelnden Diversifikation und der geringen Liquidität für den Investor.

KAPITEL 8

Jeder kann Erfolg haben

Unsere Ausführungen widersprechen zweifellos fast allem, was Sie bisher übers Anlegen gehört haben. Die meisten Menschen glauben, Anlageberatung habe etwas mit Prognosen zu tun. Wo finden wir jemanden mit einer Glaskugel?

Wie Sie jetzt nun wissen, muss ein Anleger aber gar nicht in die Zukunft sehen, um Erfolg zu haben. Der Grund: **Im Kapitalismus erzielt Kapital eine Rendite** – sonst wäre es kein Kapitalismus!

Beim Anlegen geht es nicht ums Gewinnen oder Verlieren. Es ist kein Wettkampfsport. Es stimmt nicht, dass wir gewinnen, wenn wir Recht haben, und dass wir verlieren, wenn wir falsch liegen. Unsere Kapitalmärkte bestehen nicht aus Gewinnern, die alles abräumen, und Verlierern, die Pleite gehen. Gewiss werden einige in einem kapitalistischen System steinreich und andere verlieren alles, doch **jeder, der sich die Zeit nimmt, sich mit den hier beschriebenen fünf Anlageentscheidungen zu beschäftigen, kann als Investor Erfolg haben**.

In der Volkswirtschaft gibt es einen eleganten Zusammenhang: Die Kapitalrendite ist genau gleich den Kapitalkosten.
Vermögen wird geschaffen, wenn natürliche Ressourcen, Arbeit, immaterielles Vermögen und Finanzkapital zusammen-
geführt werden, um wirtschaftliches Wachstum zu bewirken.
Als Investor haben Sie Anspruch auf Beteiligung an diesem
Wachstum, sobald Ihr Vermögen in die Weltwirtschaft investiert ist und dort genutzt wird.

Dabei bekommen Sie nicht irgendetwas geschenkt. Sie erhalten vielmehr einen angemessenen Anteil des Gewinns dafür, dass Sie Ihr Geld arbeiten lassen.

Wie also sichern Sie sich am besten Ihr Stück des Kuchens?
Um es noch einmal zu sagen: Nach unserer Einschätzung erzielen Sie die besten Resultate, wenn Sie Ihr Kapital breit diversifiziert in börsennotierten Anleihen und Aktien anlegen
und eine Rendite in Höhe der internationalen Kapitalmarkt-
rendite anstreben. Mit dem richtigen Zeithorizont und Disziplin können Sie Ihre finanziellen Ziele erreichen und bei
geringerem Risiko besser abschneiden als die meisten Investoren.

Denken Sie daran: Befassen Sie sich nicht mit Unkontrol-
lierbarem. Ereignisse wie die Hypothekenkrise, die Grie-
chenland-Krise oder die Ölpest im Golf von Mexiko lassen

sich nicht vorhersehen. Zusammen mit Ihrem Berater können Sie jedoch die Kosten senken, geeignet diversifizieren, die Anlageklassen richtig gewichten und Ihre Entscheidungen diszipliniert durchhalten. Befolgen Sie die Empfehlungen in diesem Buch, und Sie haben alles getan, um die Chancen zu Ihren Gunsten zu beeinflussen.

Wenn Sie künftig auf dem Titel einer Finanzzeitschrift am Kiosk Anlageempfehlungen entdecken oder die Prognosen im Fernsehen hören, wenn Ihre Freunde und Nachbarn mit dem neuesten tollen Investment angeben, wissen Sie, dass es sich um Spekulation handelt, nicht um Anlegen. Sie wissen es jetzt besser. **Sie kennen die Antwort.**

Ein persönliches
Wort der Autoren

»Dan, ich habe gerade meine Scan-Ergebnisse bekommen. Sie haben einen weiteren Tumor gefunden und geben mir noch sechs Monate.« Am Telefon war Gordon. Es war der 8. Juni 2010, und ich saß im kalifornischen Monterrey in meinem Hotel mit Pazifikblick an der Vorbereitung eines Vortrags für einen Investmentkongress am Abend. Als ich das hörte, sagte ich aus irgendeinem Grund: »Lass uns das Buch schreiben, das du immer wolltest.«

Den Einwand, er sei dazu nicht in der Lage, ließ ich nicht gelten. Gemeinsam konnten wir es schaffen! Ich war fest entschlossen, das Buch fertigzubringen, drucken zu lassen und ihm in die Hand zu geben. Das wollte ich für meinen lieben Freund tun, der mir im Laufe der Jahre so viel gegeben hatte.

Kennen gelernt habe ich Gordon Murray 2002. Er suchte damals meinen Rat bei der Verwaltung des Familienvermögens. Selbst erfahrener Investor mit 25 Jahren Wall-Street-Erfahrung, hatte er mit den größten, versiertesten institutionellen Anlegern der Welt zu tun und war nun seit Kurzem im Ruhestand. Wir wurden sofort gute Freunde und mit der Zeit entwickelte sich eine tiefe persönliche Beziehung. Uns verband außergewöhnliches Vertrauen und eine Kameradschaft, wie es sie im Leben selten gibt.

Gordon begeisterte sich für die Idee, dass jeder beim Anlegen eine Rendite auf Niveau des globalen Kapitalmarkts erzielen kann – ohne subjektive Prognosen, aufwändiges Auswählen einzelner Aktien oder den Versuch, den perfekten Ein- und Ausstieg abzupassen. Möglich war dies seiner Ansicht nach durch Mischportfolios aus einem breit diversifizierten Spektrum von Anlageinstrumenten – genau das Gegenteil des klassischen Mantras der Finanzbranche. Er hatte lange Zeit gedacht, er habe das Thema Investieren und Kapitalmärkte durchschaut, dann aber zu seiner Überraschung festgestellt, dass sein Wissen lückenhaft war.

Schon als ich Gordon kennen lernte, hatte er ein Faible für das Investieren und dafür, mit anderen zu teilen. Zugleich frustrierte es ihn genau wie mich mehr und mehr, wie die Finanzbranche heute funktioniert und Anleger behandelt. Jahrelang schickte er mir Artikel über Investoren, die übervorteilt worden waren – oder solche, die schlicht die falschen Finanzentscheidungen getroffen und dadurch furchtbaren Schaden erlitten hatten.

Es drängte uns, etwas zu unternehmen, und Gordon äußerte oft den Wunsch, ein verständliches, knappes Buch über unsere gemeinsame Investmentphilosophie zu schreiben. Er wollte Privatanleger über die für sie wichtigen Aspekte des Investierens aufklären, damit sie sich schützen können und das Richtige mit ihrem Geld anfangen. Mit der Fertigstellung von *Die wichtigsten Antworten für Anleger* wurde dieser Traum Wirklichkeit.

Die Arbeit an diesem Buch war für uns eine einmalige gemeinsame Reise. Wir waren ein wunderbares Team mit einem bedeutenden Ziel: etwas zu schaffen, das in Gordons Vermächtnis eingehen und zugleich zahlreichen Menschen helfen würde, erfolgreicher anzulegen.

Dan Goldie, Dezember 2010

Ich hatte riesiges Glück. Ich habe nicht nur die Prognosen zu meinem Hirntumor überlebt, sondern ich hatte Zeit und Gelegenheit, Nähe und unglaublich viel Liebe von meiner Familie und meinen Freunden zu erfahren. Und wohl noch glücklicher darf ich mich schätzen, dass ich anderen etwas zurückgeben konnte.

Seit Jahrzehnten erleben wir, wie ein großer Teil der traditionellen Finanzbranche wie Banken und Finanzanbieter sowie die Mainstream-Finanzmedien den fehlenden Sachverstand und die Verhaltenseigenarten argloser, ihr Geld hart erarbeitender Anleger zum eigenen Vorteil ausnutzen.

Ich war immer zutiefst überzeugt, dass Investieren eigentlich ganz anders funktioniert, als gemeinhin angenommen wird. Ich wusste natürlich, was passives Anlegen ist. Ich wusste auch, wie wichtig es ist, beim Anlegen die Kosten zu minimieren. Aber mir war überhaupt nicht klar, wie hohe Renditen auch ein Privatanleger erzielen kann – nicht nur theoretisch, sondern praktisch, mit einem echten Portfolio. Es war fantastisch. Als mir Dan 2002 alles erklärte, dachte ich: *Das ist es!*

Mit diesem Buch wollen Dan und ich ganz normalen Anlegern helfen und eine Lücke in der heutigen Investmentliteratur schließen. Wir haben versucht, die aussichtsreichsten (nichtspekulativen) Anlagekonzepte zusammenzustellen, zu ordnen und klar zu formulieren, in einem gut lesbaren, knappen und doch vollständigen Leitfaden. So erhalten Privatanleger das nötige Grundwissen, um die Chancen beim Investieren zu ihren Gunsten zu beeinflussen.

Die Geschichte hinter der *Die wichtigsten Antworten für Anleger* handelt von Freundschaft, Liebe, Engagement und Beharrlichkeit. Eine so intensive Zusammenarbeit wie mit Dan hatte ich mein ganzes Leben lang nie erfahren. Da wir Stärken, Schwächen und Charakter des anderen so gut kannten, gab es keinerlei Reibung oder Unstimmigkeiten. Dan hat mich regelrecht getragen und geholfen, diesem letzten Abschnitt meines Lebens einen besonderen Sinn zu geben.

Gordon S. Murray, Dezember 2010

Über die Autoren

Daniel C. Goldie

Daniel Goldie leitet die Anlageberatungsfirma Dan Goldie Financial Services LLC. Als Registered Investment Advisor (RIA) unterstützt er Privatanleger und Familien bei der Verwaltung ihres Vermögens und bei Finanzentscheidungen. Er wurde vom Wirtschaftsblatt *San Francisco Business Times* unter die besten 25 unabhängigen Finanzberater der Bay-Area um San Francisco gewählt, von der Zeitschrift Barron's unter die Top 100 der unabhängigen Finanzberater der USA.

Seine Laufbahn als Investor begann 1991, nach dem Rückzug aus der Turnierserie der Tennis-Profivereinigung ATP. Als aktiver Spieler stand Goldie im Viertelfinale von Wimbledon und errang vier Profititel und 1986 gewann er für die Stanford University den Herren-Einzelwettbewerb der US-Collegesportvereinigung NCAA. Er ist Mitglied der Collegiate Tennis Hall of Fame, der Northern California Tennis Hall of Fame und der Stanford University Sports Hall of Fame.

Goldie besitzt einen Bachelor of Arts in Volkswirtschaft von der Stanford University sowie einen MBA der Walter A. Haas School of Business der University of California in Berkeley. Er ist zertifizierter Chartered Financial Analyst (CFA) und Certified Financial Planner™ (CFP) sowie Mitglied des

Finanzanalysten-Verbandes CFA Institute und der CFA Society San Francisco. An dem 1998 erschienenen Anlegerratgeber *The Prudent Investor's Guide to Beating Wall Street at Its Own Game* war Goldie als Koautor beteiligt.

Gordon S. Murray

Gordon Murray war über 25 Jahre in der Finanzbranche tätig, vor allem bei Goldman Sachs, Lehman Brothers und Credit Suisse First Boston. In verschiedenen Vertriebsfunktionen betreute er eine Reihe der größten und besten institutionellen Anleger der Welt und als Manager arbeitete er in allen Produktbereichen. Dabei erlebte er direkt, wie die einst achtbaren Institute den falschen Weg einschlugen – durch exzessive Fremdfinanzierung, zu komplexe Produkte, Eigenhandel und Vernachlässigung der Kundeninteressen.

Nach seiner Laufbahn an der Wall Street beriet Murray Dimensional Fund Advisors, ein Vermögensverwaltungsunternehmen, das praktische Investmententscheidungen an wissenschaftlichen Erkenntnissen ausrichtet. Dort vermittelte er unabhängigen Honorarberatern, warum Investieren besser ist als Spekulation.

Gordon Murray war Vorstandsmitglied der Schulstiftung Hillsborough Schools Foundation, wo er den Scholars' Circle gründete. Er amtierte als stellvertretender Vorsitzender des Parents' Fund und des Advisory Board der University of California in Berkeley, wofür er 2009 den Trustees Citation Award erhielt. Murray besaß einen Bachelor of Arts in Political Science von der University of North Carolina in Chapel Hill sowie einen MBA der Columbia University.

Murray starb im Januar 2011 im Alter von 60 Jahren.

Anhang

Hypothetische Portfoliogewichte

	Renten	defen-siv	konser-vativ	moderat	offensiv	Aktien
Aktien	0 %	20 %	40 %	60 %	80 %	100 %
US-Aktien	0 %	14 %	28 %	42 %	56 %	70 %
Großunternehmen, S&P 500 Index	0,0	4,0	8,0	12,0	16,0	20,0
große Substanz-werte, Fama/French US Large Cap Value Index	0,0	4,0	8,0	12,0	16,0	20,0
Kleinunternehmen, Fama/French US Small Cap Index	0,0	2,0	4,0	6,0	8,0	10,0
kleine Substanz-werte, Fama/French US Small Cap Value Index	0,0	2,0	4,0	6,0	8,0	10,0
Immobilienstrate-gie, Dow Jones US Select REIT Index	0,0	2,0	4,0	6,0	8,0	10,0
Aktien weltweit	0 %	6 %	12 %	18 %	24 %	30 %
Substanzwerte, Fama/French In-ternational Value Index	0,0	2,0	4,0	6,0	8,0	10,0
Kleinunternehmen, International Small Cap Index	0,0	1,0	2,0	3,0	4,0	5,0
kleine Substanz-werte, International Small Cap Value Index	0,0	1,0	2,0	3,0	4,0	5,0
Schwellenländer, MSCI Emerging Markets Index	0,0	0,6	1,2	1,8	2,4	3,0
Substanzwerte aus Schwellenlän-dern, Fama/French Emerging Markets Value Index	0,0	0,6	1,2	1,8	2,4	3,0
Kleinunternehmen aus Schwellenlän-dern, Fama/French Emerging Markets Small Cap Index	0,0	0,8	1,6	2,4	3,2	4,0

Hypothetische Portfoliogewichte

	Renten	defen-siv	konser-vativ	moderat	offensiv	Aktien
Renten	100 %	80 %	60 %	40 %	20 %	0 %
einjährige US-Staatsanleihen, Merrill Lynch One-Year US Treasury Note Index	25,0	20,5	15,0	10,0	5,0	0,0
zweijährige internationale Anleihen, Citigroup World Government Bond Index 1-3 Years (währungsgesichert)	25,0	20,5	15,0	10,0	5,0	0,0
fünfjährige US-Staatsanleihen, Barclays Capital Treasury Bond Index 1-5 Years	25,0	20,5	15,0	10,0	5,0	0,0
fünfjährige internationale Anleihen, Citigroup World Government Bond Index 1-5 Years (währungsgesichert)	25,0	20,5	15,0	10,0	5,0	0,0

Nur zu Illustrationszwecken. Die Wertentwicklung der Vergangenheit ist keine Garantie für künftige Ergebnisse. Hypothetische Portfolios, keine Empfehlung für eine tatsächliche Portfoliostruktur. Direkte Investments in Indizes sind nicht möglich, Indexentwicklung bildet die Kosten eines tatsächlichen Portfolios nicht ab. Gewicht der Immobilienaktien vor dem Zeitpunkt der ersten verfügbaren Daten im Januar 1978 jeweils zur Hälfte auf kleine US-Unternehmen und kleine US-Substanzwerte aufgeteilt. Gewicht der internationalen Substanzwerte vor den ersten Daten im Januar 1975 jeweils zur Hälfte auf internationale Kleinunternehmen und den MSCI EAFE Index (Performanceindex auf Nettodividenden-Basis nach Abzug von Quellensteuern) verteilt. Internationale kleine Substanzwerte vor den ersten Daten im Juli 1981 internationalen Kleinunternehmen zugeschlagen. Schwellenländer vor den ersten Daten im Januar 1988 jeweils zur Hälfte auf internationale Kleinunternehmen und internationale Substanzwerte verteilt. Substanzwerte und Kleinunternehmen aus Schwellenländern vor den ersten verfügbaren Daten vom Januar 1989 zu gleichen Teilen den internationalen Kleinunternehmen und internationalen Substanzwerten zugeordnet. Das Gewicht der zweijährigen internationalen Staatsanleihen war vor den ersten Daten im Januar 1990 den einjährigen Anleihen zugeschlagen, fünfjährige US-Staatsanleihen vor den ersten Daten im Januar 1976 dem Barclays Capital US Government Bond Index Intermediate. Der Anteil fünfjähriger internationaler Staatsanleihen wurde vor den ersten Daten im Januar 1990 den fünfjährigen US-Staatsanleihen zugerechnet.

Quellen und Angaben zum Datenmaterial

US-AKTIEN

Fama/French US Small Cap Index

Fama/French US Small Cap Index von Fama/French auf Basis von Wertpapierdaten des Center for Research in Security Prices (CRSP). Umfasst die Hälfte der an der New York Stock Exchange (NYSE) notierten Werte mit niedrigerer Marktkapitalisierung (plus der entsprechenden Auswahl der an der NYSE Amex ab Juli 1962 und der Nasdaq ab 1973 notierten Titel).

S&P 500 Index

Zur Verfügung gestellt von der Standard & Poor's Index Services Group. »Standard & Poor's®«, »S&P®«, »S&P 500®«, »Standard & Poor's 500®« und »500« sind Markenzeichen der McGraw-Hill Companies, Inc.

Fama/French US Small Cap Value Index

Fama/French US Small Cap Value Index von Fama/French auf Basis von CRSP-Daten. Umfasst die an der NYSE notierten Werte, die zur Hälfte mit der niedrigeren Marktkapitalisierung sowie zu den dreißig Prozent mit dem höchsten

Buch-zu-Marktwert-Verhältnis (englisch: *book-to-market*, *BtM*) gehören (sowie die entsprechende Auswahl der an der NYSE Amex ab Juli 1962 und an der Nasdaq ab 1973 notierten Titel), ohne Versorger.

Fama/French US Large Cap Value Index

Fama/French US Large Cap Value Index von Fama/French auf Basis von CRSP-Daten. Umfasst die an der NYSE notierten Werte, die zur Hälfte mit der höheren Marktkapitalisierung sowie zu den dreißig Prozent mit dem höchsten Buch-zu-Marktwert-Verhältnis (englisch: *book-to-market*, *BtM*) gehören (sowie die entsprechende Auswahl der an der NYSE Amex ab Juli 1962 und an der Nasdaq ab 1973 notierten Titel), ohne Versorger.

Fama/French US Small Cap Growth Index

Fama/French US Small Cap Growth Index von Fama/French auf Basis von CRSP-Daten. Umfasst die an der NYSE notierten Werte, die zur Hälfte mit der niedrigeren Marktkapitalisierung sowie zu den dreißig Prozent mit dem niedrigsten Buch-zu-Marktwert-Verhältnis (englisch: *book-to-market*, *BtM*) gehören (sowie die entsprechende Auswahl der an der NYSE Amex ab Juli 1962 und an der Nasdaq ab 1973 notierten Titel), außer Versorgern.

Fama/French US Large Cap Growth Index

Fama/French US Large Cap Growth Index von Fama/French auf Basis von CRSP-Daten. Umfasst die an der NYSE notierten Werte, die zur Hälfte mit der höheren Marktkapitalisierung sowie zu den dreißig Prozent mit dem niedrigsten Buch-zu-Marktwert-Verhältnis (englisch: book-to-market, BtM) gehören (sowie die entsprechende Auswahl der an der NYSE Amex ab Juli 1962 und an der Nasdaq ab 1973 notierten Titel), außer Versorgern.

CRSP Deciles 1-5 Index

Center for Research in Securities Prices, University of Chicago. Entwicklung der Gesamtheit aller großen Unternehmen (Dezile 1–5). Oktober 1988 bis heute: auf Marktkapitalisierung basierendes Portfolio aus CRSP Dezile 1–5. Januar 1973–September 1988: CRSP-Datenbestand (NYSE, Amex und außerbörslicher Handel), Rebasierung quartalsweise. Juli 1962–Dezember 1972: CRSP-Datenbestand (NYSE und Amex), Rebasierung quartalsweise. Januar 1926–Juni 1962: NYSE, Rebasierung halbjährlich.

CRSP Deciles 6-10 Index

Center for Research in Securities Prices, University of Chicago. Entwicklung der Gesamtheit aller kleinen Unternehmen (Dezile 6–10). Oktober 1988 bis heute: auf Marktkapitalisierung basierendes Portfolio aus CRSP Dezile 6–10. Januar 1973–September 1988: CRSP-Datenbestand (NYSE, Amex und außerbörslicher Handel), Rebasierung quartalsweise. Juli 1962–Dezember 1972: CRSP-Datenbestand (NYSE und Amex), Rebasierung quartalsweise. Januar 1926–Juni 1962: NYSE, Rebasierung halbjährlich.

Dow Jones US Select REIT Index

Zur Verfügung gestellt von Dow Jones Indexes.

INTERNATIONALE AKTIEN

International Small Cap Index

1994 bis heute: Dimensional International Small Cap Index erstellt von Dimensional aus Bloomberg-Wertpapierdaten. Enthält die zehn Prozent der Aktien mit der niedrigsten Marktkapitalisierung des MSCI World ohne USA;

gewichtet nach Marktkapitalisierung; höchste Gewichtung für jedes Unternehmen fünf Prozent; Rebasierung jährlich. Juli 1981–1993: erstellt von Dimensional aus StyleResearch-Wertpapierdaten. Umfasst die zehn Prozent der Aktien mit der niedrigsten Marktkapitalisierung ohne das unterste Prozent; gewichtet nach Marktkapitalisierung; höchste Gewichtung für jedes Land fünfzig Prozent; Rebasierung halbjährlich. 1970–Juni 1981: fünfzig Prozent UK Small Cap Index und fünfzig Prozent Japan Small Cap Index (s. unten).

MSCI EAFE Index

MSCI EAFE Index (Nettodividenden-Basis) © MSCI 2010, alle Rechte vorbehalten.

Japan Small Cap Index

1994 bis heute: Dimensional Japan Small Cap Index erstellt von Dimensional aus Bloomberg-Wertpapierdaten. Enthält die zehn Prozent der japanischen Aktien mit der niedrigsten Marktkapitalisierung; gewichtet nach Marktkapitalisierung; höchste Gewichtung für jedes Unternehmen zehn Prozent; ohne REITs; Rebasierung jährlich. Juli 1981–1993: erstellt von Dimensional aus StyleResearch-Wertpapierdaten. Umfasst die zehn Prozent japanischer Aktien mit der niedrigsten Marktkapitalisierung ohne das unterste Prozent; gewichtet

nach Marktkapitalisierung; Rebasierung halbjährlich. 1970–
Juni 1981: Nomura Japanese Small Companies Index von
Nomura Securities Investment Trust Management Company, Ltd., Tokio. Enthält die fünfzig Prozent der kleineren Aktien der ersten Sektion der Tokyo Stock Exchange; gewichtet
nach Marktkapitalisierung; Rebasierung halbjährlich.

United Kingdom Small Cap Index

1994 bis heute: Dimensional UK Small Cap Index erstellt
von Dimensional aus Bloomberg-Wertpapierdaten. Enthält
die zehn Prozent der britischen Aktien mit der niedrigsten
Marktkapitalisierung; gewichtet nach Marktkapitalisierung;
höchste Gewichtung für jedes Unternehmen zehn Prozent;
ohne REITs; Rebasierung jährlich. Juli 1981–1993: erstellt
von Dimensional aus StyleResearch-Wertpapierdaten. Umfasst die zehn Prozent britischer Aktien mit der niedrigsten
Marktkapitalisierung ohne das unterste Prozent; gewichtet
nach Marktkapitalisierung; Rebasierung halbjährlich. 1956–
Juni 1981: Hoare Govett Smaller Companies Index, zur Verfügung gestellt von der London Business School und ABN
Amro. Enthält die zehn Prozent der an der London Stock
Exchange uneingeschränkt zum Handel zugelassenen Akti-
en mit der niedrigsten Marktkapitalisierung; gewichtet nach
Marktkapitalisierung; Rebasierung jährlich.

Fama/French International Value Index

2008 bis heute: Fama/French International Value Index von Fama/French auf Basis von Bloomberg-Wertpapierdaten. Simulierte Strategie für die Länder des MSCI EAFE auf Basis der dreißig Prozent der Werte mit dem höchsten Buch-zu-Marktwert-Verhältnis (englisch: *book-to-market, BtM*). 1975–2007: erstellt von Fama/French aus MSCI-Wertpapierdaten.

International Small Cap Value Index

1994 bis heute: Dimensional International Small Cap Value Index erstellt von Dimensional aus StyleResearch-Wertpapierdaten. Umfasst die Aktien, die zu den zehn Prozent mit der niedrigsten Marktkapitalisierung des MSCI World ohne USA sowie den dreißig Prozent mit dem höchsten Buch-zu-Marktwert-Verhältnis (englisch: *book-to-market, BtM*) gehören; gewichtet nach Marktkapitalisierung; höchste Gewichtung für jedes Unternehmen fünf Prozent; ohne REITs und Versorger; Rebasierung jährlich. 1982–1993: Erstellt von Dimensional aus StyleResearch-Wertpapierdaten. Umfasst die Aktien, die zu den zehn Prozent mit der niedrigsten Marktkapitalisierung ohne das unterste Prozent sowie den dreißig Prozent mit dem höchsten Buch-zu-Marktwert-Verhältnis gehören; gewichtet nach Marktkapitalisierung; höchste Ge-

wichtung für jedes Land fünfzig Prozent; Rebasierung halbjährlich.

MSCI Emerging Markets Index

MSCI Emerging Markets Index (Bruttodividenden-Basis)
© MSCI 2010, alle Rechte vorbehalten.

Fama/French Emerging Markets Value Index

2009: erstellt von Fama/French aus Bloomberg-Wertpapierdaten. Simulierte Strategie für die von der International Finance Corporation (IFC) als Investment-Ziele eingestuften
Länder und die Unternehmen in den oberen dreißig Prozent der aggregierten Marktkapitalisierung; Unternehmen
gewichtet nach Marktkapitalisierung in Streubesitz; Länder
gewichtet nach Marktkapitalisierung des Landes in Streubesitz; Rebasierung monatlich. 1989–2008: erstellt von Fama/
French aus Wertpapierdaten der IFC.

Fama/French Emerging Markets Small Cap Index

Erstellt von Fama/French aus Bloomberg-Wertpapierdaten. Simulierte Strategie für die von der IFC als Investment-Ziele eingestuften Länder und die Unternehmen in
den unteren dreißig Prozent der aggregierten Marktkapita-

lisierung; Unternehmen gewichtet nach Marktkapitalisierung in Streubesitz; Länder gewichtet nach Marktkapitalisierung des Landes in Streubesitz; Rebasierung monatlich. 1989–2008: Erstellt von Fama/French aus Wertpapierdaten der IFC.

RENTEN

Staatsanleihen mit langen Laufzeiten

© Stocks, Bonds, Bills, and Inflation Yearbook™, Ibbotson Associates, Chicago (jährlich aktualisiert von Roger G. Ibbotson und Rex A. Sinquefield). Enthält Daten zu US-Staatsanleihen mit einer durchschnittlichen Laufzeit von zwanzig Jahren.

Barclays Capital US Government/Credit Bond Index Intermediate

Zur Verfügung gestellt von Barclays Bank PLC.

US-Schatzanweisungen mit einmonatiger Laufzeit

© Stocks, Bonds, Bills, and Inflation Yearbook™, Ibbotson Associates, Chicago (jährlich aktualisiert von Roger G. Ibbotson und Rex A. Sinquefield).

Merrill Lynch One-Year US Treasury Note Index

Verwendung mit Erlaubnis; Copyright 2010 Merrill Lynch, Pierce, Fenner & Smith Incorporated; alle Rechte vorbehalten. Kopieren, Verwendung oder Verbreitung der Merrill-Lynch-Indizes nur mit schriftlicher Genehmigung.

Citigroup World Government Bond Index 1-3 Years (währungsgesichert)

Copyright 2010 Citigroup.

Citigroup World Government Bond Index 1-5 Years (währungsgesichert)

Copyright 2010 Citigroup.

Barclays Capital Treasury Bond Index 1-5 Years

Zur Verfügung gestellt von Barclays Bank PLC.

Barclays Capital US Government Bond Index Intermediate

Zur Verfügung gestellt von Barclays Bank PLC.

INFLATION

Inflation: Entwicklung des Verbraucherpreisindex

© Stocks, Bonds, Bills, and Inflation Yearbook™, Ibbotson Associates, Chicago (jährlich aktualisiert von Roger G. Ibbotson und Rex A. Sinquefield). Verwendung mit Erlaubnis. Alle Rechte vorbehalten.

Stichwort-
verzeichnis